企·业·家 QIYEJIA

零售巨头
沃尔顿

LINGSHOU JUTOU WOERDUN

杨玲玲 ◎ 编著

辽海出版社

图书在版编目(CIP)数据

零售巨头沃尔顿/杨玲玲编著.—沈阳：辽海出版社，2017.5
ISBN 978-7-5451-4179-5

Ⅰ.①零… Ⅱ.①杨… Ⅲ.①沃尔顿(Walton,Sam 1918-1992)-传记 Ⅳ.①K837.125.38

中国版本图书馆 CIP 数据核字(2017)第 137230 号

责任编辑：孙德军　王钦民
封面设计：李　奎

出版者：辽海出版社
地　址：沈阳市和平区十一纬路 25 号
邮　编：110003
电　话：024-23284381
E-mail：dszbs@mail.lnpgc.com.cn
http://www.lhph.com.cn
印刷者：北京一鑫印务有限责任公司
发行者：辽海出版社

幅面尺寸：155mm×220mm
印　张：14
字　数：218 千字

出版时间：2017 年 7 月第 1 版
印刷时间：2017 年 8 月第 1 次印刷
定　价：29.80 元

《世界名人传记文库》编委会

主　编	游　峰	姜忠喆	蔡　励	竭宝峰	陈　宁	崔庆鹤
副主编	闫佰新	季立政	单成繁	焦明宇	李　鸿	杜婧舟
编　委	蒋益华	刘利波	宋庆松	许礼厚	匡章武	高　原
	袁伟东	夏宇波	朱　健	曹小平	黄思尧	李成伟
	魏　杰	冯　林	王胜利	兰　天	王自和	王　珑
	谭　松	马云展	韩天骄	王志强	王子霖	毕建坤
	韩　刚	刘　舫	宫晓东	陈　枫	华玉柱	崔　武
	王世清	赵国彬	陈　浩	芝　鼻	姜钰茜	全崇聚
	李　侠	宋长津	汪　裴	张家瑞	李　娟	拉巴平措
	宋连鸿	王国成	刘洪涛	安维军	孙成芳	王　震
	唐　飞	李　雪	周丹蕾	郭　明	王毓刚	卢　瑶
	宋　垣	杨　坤	赖晖林	刘小慈	张家瑞	韩　兆
	陈晓辉	鲍　慧	魏　强	付　丽	尹　丛	徐　聪
	主勇刚	傅思国	韩军征	张　铧	张兴亚	周新全
	吴建荣	张　勇	李沁奇	姜秀云	姜德山	姜云超
	姜　忠	姜商波	姜维才	姜耀东	朱明刚	刘绪利

	冯　鹤	冯致远	胡元斌	王金锋	李丹丹	李姗姗
	李　奎	李　勇	方士华	方士娟	刘干才	魏光朴
	曾　朝	叶浦芳	马　蓓	杨玲玲	吴静娜	边艳艳
	德海燕	高凤东	马　良	文　夫	华　斌	梅昌娅
	朱志钢	刘文英	肖云太	谢登华	文海模	文杰林
	王　龙	王明哲	王海林	台运真	李正平	江　鹏
	郭艳红	高立来	冯化志	冯化太	危金发	仇　双
	周建强	陈丽华	叶乃章	何水明	廖新亮	孙常福
	李丽红	尹丽华	刘　军	熊　伟	张胜利	周宝良
	高延峰	杨新誉	张　林	魏　威	王　嘉	陈　明
总编辑	马康强	张广玲	刘　斌	周兴艳	段欣宇	张兰爽

总　序

　　我们每个人心中都有自己崇拜的名人。这样可以增强我们的自信心和自我认同感，有益于人格的健康发展。名人活在我们的心里，尽管他们生活在不同的时代、不同的国度、说着不同的语言，却伴随着我们的精神世界，遥远而又亲近。

　　名人是充满力量的榜样，特别是当我们平庸或颓废时，他们的言行就像一触即发的火药，每一次炸响都会让我们卑微的灵魂在粉碎中重生。

　　名人带给我们更多的是狂喜。当我们迷惘或无助时，他们的高贵品格就如同飘动在高处的旗帜，每次招展都会令我们幡然醒悟，从而畅快淋漓地感受生命的真谛。只要我们把他们视为精神引领者和行为楷模，就会不由自主地追随他们，并深刻感受到精神的强烈震撼。

　　当我们用最诚挚的心灵和热情追随名人的足迹，就是选择了一个自我提升的最佳途径，并将提升的空间拓展开来。追随意味着发现，发现名人的博大精深，发现时代赋予我们的使命，发现最真实的自我；追随意味着提升，置身于名人精神的荫蔽之下，我们就像藤蔓一般沿着名人硕大粗壮的树干攀援上升，这将极大地缩短我们在黑暗中探索的时间，从而踏上光明的坦途。

不要说这是个崇尚独立思考的年代,如果我们缺乏敬畏精神,那么只能让个性与自由的理念艰难地生长;不要说这是个无法造就伟人的年代,生命价值并不在于平凡或伟大。如果在名人的引领下,读懂平凡世界中属于自己的那本书,就能够成为最好的自己。

名人从芸芸众生中脱颖而出,自有许多特别之处。我们追溯名人成长的历程,虽然每位人物的成长背景都各不相同,但或多或少都具有影响他们人生的重要事件,成为他们人生发展的重要契机,并获得人生的成功。

名人有成功的契机,但他们并非完全靠幸运和机会。机遇只给有准备的人,这是永远的真理。因此,我们不要抱怨没有幸运和机遇,不要怨天尤人,我们要做好思想准备,开始人生的真正行动。这样,才会获得人生的灵感和成功的契机。

我们说的名人当然是指对世界和人类做出突出贡献的伟大人物,他们包括著名的政治家、军事家、发明家、文学家、艺术家、思想家、哲学家、企业家等。滚滚历史长河,阵阵涛声如号,是他们,屹立潮头,掀起时代前进的浪花,浓墨重彩地描绘着人类的文明和无限的未来,不断开创着辉煌的新境界和新梦想,带领我们走向美好的明天。

政治家是指那些在长期政治实践中涌现出来的具有一定政治远见和政治才干、掌握权力,并对社会发展起着重大影响作用的领导人物。军事家是指对军事活动实施正确指引或是擅长具体负责军事行动实施的人,一般包括战略军事家和战术军事家。

政治家、军事家大多充满了文韬武略,能够运筹帷幄,曾经叱咤风云,纵横天地,创造着世界,书写着历史,不断谱写着人类的辉煌篇章,为人们留下了许多宝贵的精神财富和物质财富。

科学发明家是指专门从事科学研究和发明,并做出了杰出贡献的人士。他们从事着探索未知、发现真相、追求真理、改造世界和造福人类的大学问。他们都有献身、求实、严谨和持之以恒的精神，都具有一颗好奇心。从好奇心出发，他们希望探知事物规律，具有希望看到事物本质一面的强烈意识与探索激情。还有就是他们都有恒心，他们在科学研究中不断努力，努力，再努力，锲而不舍，具有永不止步的追求精神。

文学家是指以创作文学作品为自己主要工作的知名人士和学者等。其中，诗人是指诗歌的创作者，小说家指小说创作者，散文家指散文创作者，而文学家则是指在诗歌、小说、散文、戏剧等各种文学体裁领域均取得一定成就的创作者，他们是人类精神财富的创造者。

艺术家是指具有较高审美能力和娴熟创作技巧并从事艺术创作劳动而具有一定成就的艺术工作者。进行艺术作品创作活动的人士，通常指在绘画、表演、雕塑、音乐、书法及舞蹈等艺术领域具有比较高的成就，并具有了一定美学造诣的人。他们是生活中美的发现者和创造者，极大地丰富着我们的生活。

哲学家、思想家是指对客观现实的认识具有独创见解并能自成体系的人士。思想主要是用言语和符号来表达的，而致力于研究思想并且形成思想体系的人就是哲学家、思想家。他们用独到的思想解决生活中遇到的问题，且在此过程中逐渐认识自我与宇宙，以此解决人们思想认识上矛盾迷惑的问题。他们是我们人类灵魂的工程师，塑造着我们的人格，探讨所有人类重要的问题和观念，并创造出一种思考和思想的能力，闪烁着智慧的光芒，照耀着人类前进的步伐，推动着人类思想和精神不断升华，使人类不断摆脱低级状态，不断走向更高境界。人是有思想和精神的高级动物，因此，哲学家和思想家是人类不可或缺的，是我们人类的伟大导师。

企业管理家是最直接创造财富的人。他们创造物质财富，推动社会不断进步，使得人们更加幸福。财富虽然只是一个象征，但它与人们的生活、国家的发展、民族的强盛等息息相关。企业家也创造巨大的精神财富，他们在追求财富过程中所表现出来的创新、冒险、合作、敬业、学习、执著、诚信和服务等精神，是我们每一个人学习的榜样。

我们追踪这些名人成长发展过程中的主要事件，就会发现他们在做好准备进行人生不懈追求的进程中，能够从日常司空见惯的普通小事上，碰撞出思想的火花，化渺小为伟大，化平凡为神奇，从而获得灵感和启发，获得伟大的精神力量，并进行持久的人生追求，去争取获得巨大的成功。

影响名人成长的事件虽然不一样，但他们在一生之中所表现出来的辛勤奋斗和顽强拼搏的精神，则大同小异。正如爱迪生所说："伟大人物最明显的标志，就是他们拥有坚强的意志，不管环境怎样变化，他们的初衷与希望永远不会有丝毫的改变，他们永远会克服一切障碍，达到他们期望的目的。"

爱默生说："所有伟大人物都是从艰苦中脱颖而出的。"因此，伟大人物的成长也具有其平凡性。正如日本著名歌人吉田兼好所说："天下所有伟大人物，起初都是很幼稚且有严重缺点的，但他们遵守规则，重视规律，不自以为是，因此才成为名家并进而获得人们的崇敬。"所以，名人成长也具有其非凡之处，这才是我们应该学习的地方。

英国著名哲学家培根说："用伟大人物的事迹激励青少年，远胜于一切教育。"为此，本套作品荟萃了古今中外各行各业最具有代表性的名人，阅读这些名人的成长故事，探知他们的人生追求，感悟他们的思想力量，会使我们从中受到启迪和教育，让我们更好地把握人生的关键，让我们的人生更加精彩，生命更有意义。

简 介

  萨姆·沃尔顿（Sam Walton，1918～1992），世界零售业的"精神大师"。他经过几十年的奋斗，把美国阿肯色州小镇本顿维尔上一家毫不起眼的杂货零售店，发展成为全球零售之王的沃尔玛。

  沃尔顿出生在美国阿肯色州一个小镇上，1962年，他在阿肯色州开了一家连锁性质零售店，取名沃尔玛。因为坚持低价策略，沃尔玛一开始就获得成功，第一年商店营业额就达到了70万美元。1964年，沃尔玛拥有了5家连锁店，1969年增至18家商店。1990年沃尔玛成为全美最大零售商。

  1982年，沃尔顿患上毛状细胞白血病，此时沃尔玛公司有十多亿美元的年营业额。1990年，他作出一个10年规划，至2000年，公司年销售额达到1290亿美元，从而成为世界上最有实力的零售商。

  沃尔顿出身于贫寒之家，在他求学期间，学费与生活费用大部分靠打工筹措。1945年退伍后，他从小镇本顿维尔经营零售业开始其创业生涯，经过几十年的奋斗，终于建立世界上最大零售业王国沃尔玛百货公司。

  沃尔顿作为沃尔玛公司创始人和董事长，他希望全世界的人们都在沃尔玛公司买过东西，或者买过沃尔玛公司的股票。他常说，金钱，在超过了一定的界限之后，就不那么重要了，重要的是企业的规模。

2001年度，沃尔玛公司销售收入高达2189亿美元，超越美国石油巨头埃克森公司，跃居"全球500强"第一位。

这是一个非凡奇迹。如今，沃尔玛公司连锁店已达4000多家，遍布全球，而且还呈继续发展的趋势。与此同时，经营沃尔玛公司的沃尔顿家族也以超过650亿美元的资产名列全球富豪的榜首。

沃尔顿被1985年10月出版的《福布斯》杂志列为全美第一富豪。2001年，沃尔顿家族再次成为全球富豪之首。

沃尔顿一直以勤奋、诚实、友善、节俭的原则要求自己。他的精神向世人证明了，那些平凡的、辛勤工作的人，只要给予他们机会、鼓励以及激励他们尽力而为，就没有做不到的事情。平凡的人们一起共同奋斗，就会创造出不平凡的业绩。

沃尔顿在1992年去世，但随着沃尔玛业务的扩展，他的精神依然在不同国家和文化中得以体现。

目　录

从小受到良好家教 …………………… 001

爱好竞争懂得协作 …………………… 006

一边打工一边求学 …………………… 012

参军入伍坠入爱河 …………………… 018

筹措资金加盟连锁店 ………………… 023

经营商店初获成功 …………………… 027

离开纽波特重新开始 ………………… 036

重新创业东山再起 …………………… 040

寻求更大的拓展空间 ………………… 045

大胆开设购物中心 …………………… 050

初创沃尔玛商店 ……………………… 055

努力经营力争上游 …………………… 059

招纳贤才积极促销 …………………… 065

勇于竞争逆流而上 …………………… 072

学习经验扩大规模 …………………… 079

再拓领域发行股票 …………………… 089

召开别致的股东大会 ………………… 095

建立折价连锁商店 …………………… 101
建立良好伙伴关系 …………………… 112
教育鼓励子女经商 …………………… 124
退居幕后欲罢不能 …………………… 131
打造快乐的公司文化 ………………… 140
宣扬顾客至上理念 …………………… 151
创新机制提升优势 …………………… 162
谦虚经营不断壮大 …………………… 171
造福人民回报社会 …………………… 189
荣获奖章溘然离世 …………………… 199
附：年　谱 …………………………… 211

从小受到良好家教

1918年3月29日，春日和煦的阳光洒在美国阿肯色州俄克拉荷马郡的金菲舍小镇上，空气里弥漫着农场新翻的泥土的清新气息。小树刚刚萌发出新鲜的鹅黄色嫩芽，小草也刚刚从土里露出顽皮的小脑袋，春风温暖而惬意。

托马斯·吉布森·沃尔顿又像往常一样，早早地起床，准备去工作。他是一个工作极其认真的人，每天都工作很长时间。他为人老实正直，是邻居们中间出了名的好人，许多人都敬重他的品质。

但是今天，妻子南尼亚·劳伦斯·沃尔顿告诉托马斯："今天你能不能请一天假？"

托马斯说："那怎么行呢？亲爱的，我要养家糊口啊！"

妻子说："我感觉，这个小生命可能今天要来到我们家了。"

托马斯想了一下，可不是吗？算起来，妻子的预产期就在这几天了。他笑着问："亲爱的，你感觉就是在今天吗？确定是？"

南尼亚肯定地点了点头。

托马斯一下兴奋起来："好的,我去请假,然后顺路把接生婆叫来,做好迎接我们孩子的一切准备!"

托马斯很快就把一切都准备好了,然后坐在外屋的椅子上等着妻子生产。他一会儿到院子里朝太阳望上两眼。一会儿又走进屋里,到妻子床前探视一下,坐立不安。

中午的时候,托马斯听到里屋传来一声婴儿响亮的啼哭。他一下从椅子上跳起来："生了!"然后奔进里屋。

接生婆笑呵呵地对托马斯说："托马斯,恭喜你呀,是个儿子!"

托马斯大喜过望："快让我瞧瞧!"

他接过孩子,这个肉乎乎的小家伙长得十分结实,他哭了一会儿,竟然悄悄睁了一下小眼睛。托马斯叫道："上帝呀!他看了我一眼,我的儿子看了我一眼!"又对妻子说："我们的儿子眼睛可真亮。"

镇上的亲朋好友纷纷到托马斯家里表示祝贺。他们把孩子从一个人手里传到另一个人手里,慈爱地看着这个小家伙。

一个老人问托马斯："我说托马斯,孩子叫什么名字啊?"

托马斯笑着说："萨姆·沃尔顿。就是'一样'的意思,我希望他跟我长得一样!"

大家都哈哈大笑起来。

小宝贝沃尔顿听了,好奇地转着黑黑的眼珠,四处打量着那一张张充满了欣喜的面孔。

小沃尔顿的母亲南尼亚读过很多书,她因为自己只读到大学一年级就退学结婚了而遗憾,所以为了弥补这一缺憾,对孩子们怀着极大的期望,从一开始就打定主意要让小沃尔顿读完大学所有课程。

但小沃尔顿似乎对父亲的事也很感兴趣。

托马斯除了老实工作,也是一个有点个性的人。他在工作之余,还喜欢做一些易货的交易,比如马、骡子、牛、房屋、农场、汽车等。

小沃尔顿5岁那年,托马斯用在金菲舍镇的农场交换了位于俄克拉荷马州靠近奥米加的一个农场;后来又举家搬到密苏里州的斯普林菲尔德,沃尔顿的记忆也是从这里开始的,他在那里开始上小学;然后又搬到马歇尔镇;此后是谢尔拜纳镇,沃尔顿在那里开始读高中;最后搬到哥伦比亚镇,沃尔顿在那里读完高中并上了大学。

沃尔顿对父亲这种交换方式很感兴趣。他记得有一次父亲曾经用一块手表换了一头猪,使全家都吃上了香香的猪肉。

沃尔顿觉得父亲很善于跟人讨价还价,他似乎有一种异乎寻常的本能,知道跟某个人谈交易时对方要价可以让到多少,并且总能成交。但沃尔顿有时会为父亲出的价钱太低而感到不好意思。

影响沃尔顿更多的是母亲。虽然南尼亚只是一个普通的劳动妇女,却养成了许多良好的生活习惯。她很爱读书,对人热情,做事勤奋,将家里人都照顾得很好。

南尼亚是一个相当出色的鼓励者,她经常跟沃尔顿讲:"只要你下定决心做任何事情,都应该始终尽自己的力量把它干好。知道吗,萨姆?"

沃尔顿听话地保证道:"我知道了,妈妈。你已经跟我说过多少次了。"

由于家境不好,南尼亚一直很节俭,这些品质后来都被沃尔顿继承下来。7岁的时候,沃尔顿就开始打零工了,他靠送牛奶和报纸赚得自己的零花钱,另外还饲养兔子和鸽子出售。

20世纪20年代末,美国由于股市的全面性崩溃,引起了一次全国经济的大萧条。托马斯一连几个月都没有工作,最后只好去了沃尔顿的叔叔开的沃尔顿抵押公司做事。

1925年,南尼亚决定开一家小牛奶店来增加家庭的收入。

懂事的沃尔顿每天早早就起床挤牛奶。他提着小桶,走到牛棚里,把桶放在牛的身下,用力地挤着,看着白白的稠稠的奶汁"哗哗"地冲进桶里,心里很高兴,觉得自己能帮着妈妈做点事了。

沃尔顿挤满了一桶,就送给妈妈,然后由妈妈进行加工和装瓶。

下午,沃尔顿在屋外的小巷里与伙伴们玩足球,他们玩得正高兴的时候,就听妈妈在屋后的窗子里喊:"萨姆,该送奶了!"

沃尔顿听了,赶紧答应一声:"好的,妈妈,我就来!"然后马上跑回家,就开始给订牛奶的人家送牛奶。他们小镇上有十多家订牛奶,每一瓶牛奶10美分。让沃尔顿高兴的是,他能天天吃到妈妈提取奶油做的冰激凌。

又过了一年,沃尔顿开始给订户们送报纸、杂志,从七年级直至后来上大学,他都有固定的送报路线。他还卖过《自由》杂志,每份赚5美分。后来又卖《妇女家庭良伴》杂志,每份赚10美分。

同时,沃尔顿还利用空出来的一点时间,饲养了一些兔子和鸽子，等它们长大了就卖给别人。好多农村的孩子们都是这样做的。

每当看着沃尔顿忙得满头大汗的样子，南尼亚就一边心疼，一边借机给儿子讲人生的道理："萨姆，做个贡献者而不是光做个获取者是很重要的。你在帮妈妈做事，也知道了养家糊口的不易，你能够从中体会到用自己的双手挣取一美元是多么艰辛，而且当你这样做了以后，你知道爸爸和我心里多么欣慰吗？"

爱好竞争懂得协作

沃尔顿在马歇尔镇上小学的时候，母亲经常鼓励他不但要勤劳，还要不怕竞争，敢于竞争，这样长大了才会有出息。

在妈妈这种鼓励下，沃尔顿大胆地竞选了班长，并且好几年一直担任着这个职务。

沃尔顿还和其他孩子一起玩橄榄球、棒球和篮球。当时，棒球是美国家喻户晓的运动项目，沃尔顿很快就迷上了它。他和小伙伴们在街巷里玩得热火朝天，满头大汗。

沃尔顿非常热衷于竞争。有一天，他们跟另一伙孩子玩棒球，对手输了，其中有一个大孩子不屑地说："光会打棒球有什么了不起，棒球主要靠的是配合。我游泳很棒，那才是个人才能的展示！"

沃尔顿不服气，从此开始苦练游泳，与那个大孩子比赛，后来终于战胜了他。

沃尔顿还参加了马歇尔镇的童子军，这时他又跟伙伴打赌，看他们中谁能第一个得到鹰徽。

可惜沃尔顿在马歇尔得到鹰徽之前，他们家已经搬到了人口只有1500人的谢尔拜纳小镇。但是沃尔顿没有忘记这个赌约,他在13岁那年获得鹰徽后,还特意回到马歇尔镇,向当年打赌的伙伴得意地说:"我可是密苏里州历史上最年轻的得到鹰徽的童子军!"

的确如此,这件事就发表在1932年夏季的《谢尔拜纳民主党人》杂志上:

> 住在谢尔拜纳的托马斯·沃尔顿夫妇的13岁的儿子萨姆·沃尔顿,由于他在童子军里受过训练,本星期四下午从索尔特河中抢救了一名落水儿童唐纳德,彼特森教授夫妇的小儿子。
>
> 唐纳德掉入河中,由于水太深,他无法爬上岸来,只能大喊救命。和他一起来的琼斯使尽力气想把唐纳德拉上来,但是唐纳德拼命换气,反而几次把琼斯先生拖下了水。
>
> 这时,正在不远处的少年萨姆·沃尔顿见状,就在唐纳德第五次沉入水中的时候,及时赶到了。
>
> 萨姆·沃尔顿从背后抓住唐纳德,用他在受训时学到的技巧,把唐纳德拖上河岸,这时唐纳德已经失去知觉,全身发紫。于是萨姆·沃尔顿及时对唐纳德进行了人工呼吸。发挥了童子军必须熟练掌握的救生本领。
>
> 萨姆·沃尔顿花了好长时间才把唐纳德救活,他终于苏醒了过来。

伙伴们都敬佩地看着沃尔顿说:"你真勇敢!你真的救了那个孩子?"

沃尔顿得意地说："当然了。"

成年之后的沃尔顿对整件事情的回忆依然是一副津津乐道的模样，每当回忆起这些童年时代的插曲时，他总会重新审视自己。

沃尔顿确信自己从小就对"实干精神"持有一种强烈的偏爱——这最终成为沃尔玛传奇的一个重要组成部分和一种显著特征。

因为沃尔顿从很早以前就懂得，在公众面前自我吹嘘肯定不是建立一个有效的企业组织的成功之道。一个追求个人荣耀的人绝不会取得多少成就；在沃马特集团取得的一切成就都是人们齐心协力、协同战斗，为实现一个共同目标而奋斗的结果，这也是沃尔顿早年学到的道理。

沃尔顿在小学五年级的时候，还参加了橄榄球队，那是他一个朋友的父亲组织的一个少年美式橄榄球队。南尼亚当时就鼓励沃尔顿说："萨姆，去参加吧，学习如何与别人协同作战！"

沃尔顿学得很快，他们还与其他城镇如敖德萨、锡代利亚和里士满等地的球队举行过几场比赛。

沃尔顿是打边锋的，但他一直想成为后卫或四分卫，虽然他还只是个小学生还不能挤进去抢球。

沃尔顿读高中的时候，他们全家搬到了哥伦比亚镇。他不但学习刻苦，成绩优秀，依然跟过去一样，积极参加学校的一切活动。他通过竞选担任学生会主席，也由于多才多艺参加了学校俱乐部。

这时，沃尔顿还迷上了篮球，但由于身高的原因，很长时间没有选入篮球队。等到了高中快毕业的时候，他因为控球技术相当棒，终于入选篮球队担任后卫。沃尔顿非常高兴，因为在后卫这个位置上，他能够指挥整个球队作战。

令沃尔顿感到自豪的是，他们篮球队从他参加之后从未尝过败绩，并获得了州冠军！

沃尔顿一直没有放弃橄榄球，他在高中时也成了校橄榄球队的四分卫。作为四分卫，沃尔顿的速度并不算快，但是他以准确的分球取胜。

在防守的过程中，是沃尔顿最有成就感的时候，他似乎对球飞向哪里有一种敏锐的预判能力。他们的橄榄球队也是常胜不败的，最后赢得了州冠军。

1936年，沃尔顿从密苏里州哥伦比亚希克曼高中毕业，并被同学们选为"最多才多艺的男孩"。

而在这时，托马斯正在做油漆工，仅靠微薄的打工收入供沃尔顿念完了高中。

这一年，沃尔顿有幸被美国著名的耶鲁大学录取，但他却因缴不起学费，面临着辍学的危机。于是，他决定利用假期像父亲一样外出做油漆工，以挣够学费。

这天，眼看即将完工，沃尔顿把拆下来的橱门板刷最后一遍油漆，一块块橱门刷好后再支起来晾干。

这时，门铃响了，沃尔顿赶忙去开门，不想却碰倒一把扫帚，扫帚又碰倒了一块橱门板，而橱门板正好倒在昨天刚粉刷好的雪白的墙面上，墙上立即有了一道清晰的漆印。沃尔顿又用白涂料把这条漆印盖上。

等涂料干后，沃尔顿左看右看，总觉得新补上的涂料色调和原来的墙壁不一样。他觉得应该将这面墙重新粉刷。

累死累活地干完了，可第二天一进门，沃尔顿又发现昨天新刷的墙壁与相邻的墙壁有色差，而且越细看越明显。最后，他决定将所有的墙壁重刷……

最后,主人很满意,付足了沃尔顿的酬劳。但对沃尔顿来说,除去增加的涂料费用,他已所剩无几,根本不够交学费。

主人的女儿不知怎么知道了原委,便将事情告诉了她的父亲。主人知道后很是感动,在女儿的要求下同意赞助他上完大学。这时,沃尔顿为了家庭,选择了密苏里大学。

沃尔顿由此得出一个结论:"一点失误可以产生一个瑕疵,一个瑕疵可以损坏一面墙壁的完美,一面墙壁又可以损坏所有墙壁,而所有墙壁却可以影响一个人的一生。瑕疵造就的结果不在瑕疵本身,而恰恰在于我们面对瑕疵的态度。"

沃尔顿在读大学时,仍然是学校橄榄球队的中坚力量,而且,他的经验已经远远超过了其他队友,所以他能成为球队的四分卫。虽然他的体重只有130磅,但他在阻人、绊人和传球方面都有绝招。

同学们都说:"萨姆天生就是一个出色的鼓动者!"

并且,令人难以相信的是:在沃尔顿的整个一生中,他从未输过一场橄榄球赛。当然,据沃尔顿自己说,他不能把许多功劳归功于己,实际上,其中肯定带有某种幸运的成分。因生病或受伤,有几场不一定能赢的球赛沃尔顿并没有参加,从而避开了某几场输球赛。但是他认为那个不败的记录对他有重要的影响,它教导沃尔顿要争取胜利,要迎难而上,接受挑战,始终计划去取得胜利。为此,在以后的一生中,沃尔顿把沃马特公司或公司面临的任何竞争都看作是一场橄榄球赛。

由于沃尔顿的突出表现,他还获得了美国学校里奖给校队优秀运动员的荣誉标志——"校名首字母奖章"。

后来，密苏里州常胜不败的冠军队希克曼丘比斯队看上了沃尔顿，招他去打四分卫，这也让沃尔顿在密苏里大学所在地哥伦比亚镇附近一带小有名气。

大学里有许多的学生联谊会，但是，这些联谊会其实都是对富裕家庭的孩子开放的，通常他们不会邀请像沃尔顿这种出身于贫苦家庭的学生来这里。但是由于沃尔顿的"名人"效应，当时一直领导着该校运动员联盟的贝塔—赛塔派联谊会还特意邀请他参加。

一边打工一边求学

沃尔顿原计划在 1940 年 6 月从密苏里大学毕业,并取得商学士学位,他一直是刻苦用功的。

沃尔顿已经上到大学二年级了,他下定决心要当大学学生会主席。他早就领悟如何成为学生会领导的秘诀,他开始付诸行动,他对人行道上迎面走来的任何人提前主动打招呼。他在课余送报纸的时候,也是这么做的。

在校园中,沃尔顿总是目视前方,向朝他走来的人寒暄问好。如果认识,那一定要亲热地叫出他们的名字;即使他不认识,他也会主动同他们打招呼。

不久,沃尔顿就认识了许多同学,他们也都把沃尔顿看作是他们的朋友。

沃尔顿感觉时机成熟了,就参加校内各种学生团体的职位竞选,并当选为大学高年级优等生协会的主席,以及高年级班的班长。

同时,沃尔顿也是校内美国后备军官训练团的精锐军事组织

"鞘与刃"剑社的队长和主席。

1940年《大学联谊会报》上一篇名为《精力充沛的沃尔顿》的文章上写道：

> 沃尔顿是一个少有的学生，他竟叫得出每一个门房的名字。他在教堂里组织募捐，喜欢参加各种组织。沃尔顿的领导才能已成为许多成功的基础。他穿军服使他得了个"小恺撒"的大名。由于他担任读经班班长，得了个"教堂执事"的绰号。

沃尔顿在密苏里大学读书，却被一个由密苏里大学和斯蒂芬学院的学生组成的大班看中，意外地被选为伯劳尔读经班的班长。

虽然沃尔顿搞不清自己是否笃信宗教，但这个职位使他觉得教会是重要的，所以沃尔顿长大后，每个星期天总是要上教堂和主日学校，这已成为他生活的一个部分。

自从读高中起，因为恰逢大萧条时期，父母根本没有多余的钱提供给沃尔顿，所以持续到上大学，沃尔顿一直是自己赚钱，买自己所穿的衣服，而且大学时期他的开支中还得加上付学费、饭钱、联谊会会费和交女朋友的钱。自幼便尝尽的生活艰辛在沃尔顿心目中早已根深蒂固地扎下了"对每一个美元都珍视"的观念。

1936年，沃尔顿进入密苏里大学攻读经济学士学位，他不得不利用课余和假期为别人送报纸，并增加了几条送报线路，还雇用了几个人帮忙，使送报成为一项相当赚钱的业务。

沃尔顿高兴地对母亲说："我一年大约可赚40美元至50美元！"这在大萧条后是一笔相当可观的钱财了。

《哥伦比亚密苏里人报》发行经理埃兹拉·恩特里金很高兴雇用到了沃尔顿这样一位优秀的发行员，他说："我们雇用沃尔顿送报纸，他实际上成了我们的头号推销员。每当学校开学时，我们就举行一个征订活动，在大学联谊会和女生联谊会的学生中征求订户。沃尔顿就是我们要雇用的那种学生，因为他能比其他任何人取得更多的订户。他干得不错，确实干得不错，并且兢兢业业。除了送报纸，他还有许多其他工作。事实上，他偶尔有点注意力不够集中。他有那么多事情要干，几乎总要忘记其中一两件。但是，朋友，当他集中注意力干某件事时，那就绝对会干好。"

沃尔顿在送报纸时，别出心裁地举行过一个开发新订户的比赛。沃尔顿挨家挨户去争取新订户，他相信自己会赢，这是他一贯的性格。最终他赢得了比赛，获得了10美元的奖金。

沃尔顿为了尽可能地多挣钱，除了送报纸，他还在餐厅当侍应生，并担任负责游泳池安全的救生员。

当快要从大学毕业的时候，沃尔顿却准备放弃这种边打工边读书的常规做法，急于想走出校门进入社会，在一个实际工作岗位上发挥自己的才能。

1939年，沃尔顿第一次接触到了零售业。当时他们全家恰好搬到一位名叫休·马丁利的商人隔壁。马丁利曾经是密苏里州敖德萨镇上的一名理发师，后来他和他的兄弟合伙开设了一家连锁杂货店。到沃尔顿一家搬来时，该连锁店已发展到有60家分店。

沃尔顿平常没事的时候，就同休·马丁利先生谈论有关经商之道、如何做生意以及表达出想为他工作的意愿。

休·马丁利对沃尔顿这个年轻聪明的小伙子颇有好感，于是为沃尔顿提供了一份工作。

但是沃尔顿从未认真考虑过这一生要从事零售业。那时他真正想做的是当一名保险推销员。这个想法来自于他的一位高中时的女友，她的父亲是通用美国人寿保险公司的代理人，是一名非常成功的推销员。

沃尔顿平时曾经和女友的父亲谈论过他的业务，沃尔顿当时羡慕地说："在我看来，您是在赚取世界上所有的钱。干保险业对我说来是最自然不过的事，因为我想我也是推销能手。"

后来虽然沃尔顿和这位女友分手了，但是他仍然没有放弃对保险业的热爱。

沃尔顿本来计划拿到学位之后，再到宾夕法尼亚的沃顿金融学院继续深造。但是当他一边打工一边拮据地读完大学时，他认识到再用这种办法，是无法筹足深造的学费的。于是他思索再三，决定去拜访来密苏里大学招收雇员的两家公司的招募人员。

两家公司看了沃尔顿的简历之后很满意，都给沃尔顿提供了工作职位。沃尔顿经过选择，接受了彭尼公司的职位，谢绝了西尔斯娄巴克公司的工作。

1940年，沃尔顿成功获得了密苏里大学的毕业证书和经济学学士学位。6月3日，大学毕业刚满3天，沃尔顿就到位于艾奥瓦州得梅因市的彭尼分店报到，作为一名管理部门的受训人员开始工作，月薪为75美元。

那一天，是沃尔顿正式进入零售业的一天。他这时确信，从一开始他就爱上了零售业！

沃尔顿虽然善于推销，并且热爱这项工作。但是他也有一个致命的缺点，他的字一直写得很潦草。这对他的新工作来说，一开始就引起了麻烦。

彭尼公司纽约总部有位名叫布莱克的合伙人，负责巡视全国各地零售商店，审计公司各个商店的账簿以及考核员工和各种难以归类的事情。布莱克经常定期到沃尔顿所在的商店来视察。

布莱克是一个身材高大的家伙，他的衣着总是非常考究，穿戴的是彭尼公司最好的西装、衬衫和领带。布莱克对沃尔顿的工作表现非常不满意："沃尔顿，你怎么把销货发票写得一塌糊涂，并且经常不按规定操作现金出纳机。"

沃尔顿当时满不在乎地说："布莱克先生，我不能做到一边让一位新来的顾客等候，一边为已做成的生意打纸包啊！"

每当布莱克到得梅因来时，他总会对沃尔顿这样说："沃尔顿，如果不是看你是一个出色的推销员，我早就解雇你了。也许你天生就和零售业有缘。"

幸运的是，沃尔顿得到了他所在商店经理邓肯·梅杰斯的支持，他非常懂得如何鼓励下属。他最引以为豪的是，他比同行更多地为彭尼公司培养了管理人才。

邓肯有他自己的一套方法，并且是一个非常成功的经理。他的诀窍是身体力行，亲自带领大家一起从早上6时30分干到晚上7时或8时。

沃尔顿他们在邓肯这位好老师的带动下，所有人都想成为像邓肯那样的好经理。

星期天他们不工作时，沃尔顿他们5个推销员就一起到邓肯家去，大多数时候是一起讨论零售业务，有时也一起打乒乓球、玩扑克牌消遣一下。

有一个星期天，邓肯刚收到彭尼公司寄给他的年度红利支票，这是一张650美元的支票，邓肯兴奋得手舞足蹈。

大家也都为他们付出的努力得到回报而高兴。看着邓肯这位大朋友，沃尔顿不禁对零售业充满了憧憬。

彭尼本人有一天视察沃尔顿他们的店，他亲自向大家示范如何捆扎和包装商品，如何用尽量少的麻线和非常小的纸张包装商品，而且依然包得好看。

沃尔顿为彭尼公司工作了大约18个月，他一边工作，一边关注着零售行业内部的竞争形势。就在他工作地方的那个十字路口上有3家商店，所以在午餐时，沃尔顿经常去西尔斯和扬克商场溜达，看他们在忙些什么。

参军入伍坠入爱河

1941年,第二次世界大战的阴影笼罩了全世界。

局势一天天紧张,美国和日本的战争看上去似乎已经箭在弦上。23岁的热血青年沃尔顿,也和成千上万的美国人一样,每天都紧张地关注着局势和战争的进展。

12月9日,沃尔顿起床后,仍然像往常一样,一边吃早餐,一边拿起报纸浏览上面的消息。突然,沃尔顿放下了手中的牛奶杯子,脸色变得凝重起来。

报纸上的黑色的粗体大字触目惊心:

日本偷袭珍珠港,美国立即向其宣战,太平洋战争爆发了!

沃尔顿看到这条消息,马上表示:"我要参军,到战场上为国效劳,尽一个青年应尽的义务!"

1942年年初,沃尔顿作为大学毕业生成为美国后备军官训练团的一员，他雄心勃勃地想参军，准备出征海外为国效劳。但是，由于沃尔顿有轻微的心律不齐，他没能通过参加战斗部队的体检，而被划入执行后勤任务的部队。

而且他因为等待应征服役，辞去了在彭尼百货店的工作。这一打击使沃尔顿大为沮丧。

在无可奈何之中，沃尔顿漫游到南方，一直走到塔尔萨，想了解一下石油业究竟是怎么回事。他在塔尔萨附近的普赖尔镇的大杜邦弹药厂找到了一份工作。

当时，沃尔顿在工厂附近的另一个城镇克莱莫尔租了间房子住下，这也是唯一可以租到房子的地方。

4月的一个晚上，沃尔顿在下班之后到一家保龄球俱乐部去玩，在那儿他遇到了海伦·罗布森。

俱乐部里都是些陈旧的戏院式木制座椅，沃尔顿玩了一会儿，坐下来休息，把脚搁在其中一把椅子的椅背上。

海伦这时正与另一个男孩约会，是第一次玩保龄球。当海伦笨拙地滚完一个球的时候，她发现不远处一个年轻的男孩正在出神地盯着自己，那种眼神简直可以用"入木三分"来形容。海伦有些羞涩，低着头径直走向休息用的座椅，而那个死盯着她不放的男孩的双脚刚好搁在她的椅背上。

沃尔顿看到这个漂亮女孩向自己走来，赶忙抽回自己的双脚，有些失态的他一下竟然有点精神恍惚："啊，多么美丽的女孩，多么优雅的气质！多么灿烂的笑容！"在那一瞬间，他已经爱上了这个女孩。

于是，沃尔顿朝海伦笑了笑，并且说了句客套话："我好像以前在某个地方看到过你？"

说完了这句话，沃尔顿才突然想起来，自己曾经与海伦所在大学的一个姑娘有过约会，后来沃尔顿还打电话向海伦打听过她那位女同学的电话号码，所以有些眼熟。

海伦拘谨地坐在座椅上，听到这句话时，她只是笑了笑，却忍不住认真打量起沃尔顿。是的，她很快就想起来了。

海伦认出了沃尔顿，她想："也许他和那位姑娘甚至还出去约会过吧？"

但是没多久，沃尔顿就和海伦一起出去了。沃尔顿逐渐发现海伦漂亮、聪颖、富有教养、雄心勃勃、具有主见、意志坚强，他开始频频向海伦献殷勤，两个人很快就坠入了爱河。

海伦把沃尔顿带到她的家里，她的家人也都喜欢上沃尔顿这个乐观、谦虚、充满活力的小伙子。沃尔顿感谢海伦的家人在他最迷茫的时候给予他无私的帮助，他们疼爱他就像对待海伦一样。

海伦很有她自己的见解和计划。她也曾是一个运动员，爱好户外活动，拥有充沛的活力。在海伦刚成年时，她便曾对自己的父母说："我将来要嫁就一定嫁一个精力旺盛、干劲冲天、有追求成功的强烈欲望的人。"

沃尔顿在与海伦热恋期间，收到了军方征召服役的通知。由于他有心律不齐的毛病，不能上前线作战，只能接受后备军官训练团的任职，担任少尉军官。

1943年的情人节，沃尔顿与海伦正式结婚，婚礼在她的家乡俄克拉荷马州的克莱莫尔镇举行。

婚后，沃尔顿加入陆军，军衔先是中尉，然后晋升上尉，干着监督飞机厂的生产安全和警备加利福尼亚及其附近地区的战俘营这类工作。

海伦跟着沃尔顿，共同度过了两年军营生活。1944年，他们的长子罗布·沃尔顿就出生在军营之中。

1945年，失去了耐心的美国向日本的广岛和长崎投掷了两枚原子弹。8月，日本宣布投降，第二次世界大战终于结束了！

第二次世界大战结束后，沃尔顿即退役离开军队。

这时，沃尔顿由于做了父亲，不仅决定要将零售业作为自己养家糊口的生计，而且还决定要自己创一番事业。

这时沃尔顿唯一的工作经验是在彭尼公司干过一阵子销售，但他有充分的信心，他对海伦说："相信我，亲爱的，我能靠自己的力量取得成功。"

沃尔顿退伍前最后一个驻地是盐湖城，在那儿，他经常上图书馆阅读有关零售业的书。他还花了大量业余时间研究犹太人合作商会及摩门教会办的百货店，为退役之后如何进入百货业做了充足的准备。

剩下的唯一问题是，退役之后把家安在哪里？

当时，海伦的父亲要他们搬到克莱莫尔去住。海伦的父亲是一个非常出色的律师、银行家和牧场主。

海伦则希望自己和丈夫能够独立。她对父亲说："爸爸，萨姆是一个靠得住的男人，请你们相信他可以照顾好我，并给予我渴望得到的一切。寻求创业的出路是我们迈出的第一步，我要我丈夫自己做主，我不希望他只是做罗布森家的女婿。我要他成为萨姆·沃尔顿。行吗？爸爸？"

海伦的父亲被女儿的话深深地打动了，但他说："亲爱的孩子，我只是担心你们的生活。如果你们真想那么做的话，我是不会反对的，但是，你要答应我一件事，就是需要帮助尽管来找我。"

沃尔顿对岳父深深感谢，但心高气傲的他赞同海伦的意见，他对海伦说："海伦，我认为我们这时最佳的创业机会也许是在圣路易斯。"

海伦问："萨姆，我们已经结婚两年，并且搬了16次家。现在我将跟你到任何你想要去的地方，只要你不要求我住在大城市里。对我来说，有10000人的城镇就够大了。但为什么是圣路易斯呢？萨姆。你总应该说说理由吧！"

沃尔顿解释说："正巧，我的一位老朋友汤姆·贝茨也想投入百货业。汤姆和我是在密苏里大学时的贝塔—赛塔派联谊会同一宿舍的室友。当我们在谢尔拜纳还都是小孩子时，我就认识汤姆了。汤姆的父亲拥有城里最大的一家百货店。前几天，我在圣路易斯遇到了汤姆，他当时在巴特勒兄弟公司的鞋靴部工作。汤姆建议我们两人合伙，每人拿出20000美元，买下圣路易斯市内德尔马大街上的一家联盟商店。我认为他的主意不错。"

巴特勒兄弟公司是一家地区性零售商，它由两家特许经营的连锁店组成：一家由小型百货店组成的连锁商店"联合百货店"；另一家由杂货店组成的连锁店，名叫"本·富兰克林商店"。这种杂货店被人们称作"五分钱商店"或"一角钱"商店。

看见沃尔顿是那么地想要经营商店，海伦终于同意了："好吧，你既然想做，我一定支持你。我们就去圣路易斯吧！"

其实，海伦本来打算继续攻读她的法律专业的，但是，当她看见沃尔顿想要当一家大城市百货店老板的时候，海伦最终放弃了自己喜爱的法律。

筹措资金加盟连锁店

为了与汤姆的生意尽快做起来，沃尔顿就与海伦商量："海伦，我想，我们可以从你父亲那里借到其余的钱。"

海伦是一位富有活力而又很有主见的人，她马上说："嗯，可以。我父亲跟我说过，他对你充满了信心，我想他会非常支持我们。"

沃尔顿当时高兴地说："真的，岳父是这么说的？那我一定要干出个样子来给他看看！"

海伦与父亲罗布森通了电话，罗布森回答说："好，我同意借给你们20000美元。"

海伦高兴地说："嗨，萨姆，看来我也要准备与你当杂货店老板了。"她勇敢地放弃了自己的法律专业，成为沃尔顿生意上的最佳搭档。

有了父亲的支持，海伦对沃尔顿说："萨姆，我考虑过了，如果要搞，我们也不要搞合伙企业，合伙风险太大。因为我从我们家的情况就已经发现，有些合伙企业最终结局很糟。要干一番事业，唯有走自己干的道路。我们还是自己干吧！"

沃尔顿又赶回到本·富兰克林公司，看看他们有什么其他机会可以提供。

公司总经理告诉沃尔顿："嗯，是这样，公司有一家本·富兰克林杂货店要出让经营权。该店在阿肯色州纽波特。纽波特是一个棉花集散地和铁路交会点，大约有7000人口，位于阿肯色东部的密西西比河三角洲地区。"

沃尔顿身上还穿着军服、挂着武装带，乘火车从圣路易斯南下赶到纽波特，下车后从前大街走到这家商店，仔细打量了一番。

一个来自圣路易斯的人正经营着这家店铺。沃尔顿从侧面了解了一下，这个店的生意做得很糟，店主一直亏损，所以想尽快丢掉这个包袱。

沃尔顿意识到自己上当了，被本·富兰克林公司派到这里来救这个家伙。但是他想："买卖是人做的，不同的人经营可能会有不同的结果。"他充满了信心，所以就迫不及待地以25000美元买下了这个店面。

在那时候，沃尔顿深信纽波特和本·富兰克林商店具有巨大的潜力，所以他自己设定了一个目标："我要使我这家纽波特的小店在5年内变成阿肯色州经营最好、获利最多的杂货商店。"

沃尔顿感到自己有能力做到这一点："我从小长大，所接受的竞争都是无往而不胜的。既然能做到，为什么不去拼搏一下？这次即使达不到目标，我也做了一次有益的尝试。"

沃尔顿在买下这个店之后，才了解到这家店铺确实是个烂摊子。它的营业额一年大约只有72000美元，它的租金占了营业额的5%。在沃尔顿看来，这似乎还算合理。但后来听说，这个房租是百货业中人们听到的最高的。没有按营业额的5%支付租金的。

此外，这家商店还有一个强有力的竞争对手，就是位于大街对面的斯特林商店。该店有一个精明的经理约翰·邓纳姆，其一年的营业额为15万美元，整整是自己这家商店的两倍。

尽管沃尔顿自己充满了信心，但是他在经营杂货商店方面一点儿经验都没有。于是，本·富兰克林公司送他到阿肯色州阿卡德尔菲亚的本·富兰克林商店接受了两周的培训。在这之后，就靠他自己了。

1945年9月1日，沃尔顿的商店正式开张了。

这是沃尔顿正式做老板的第一个零售店，专卖5美分至10美分的商品。这是一家典型的旧式杂货店，50米宽，100米深，面临前大街，位于市中心，向外远望看得到铁路。商店里有现金收银机，整个店堂每个柜台后面都有供店员走动的通道，店员们坐等着顾客上门。

开业之后没多久，沃尔顿就发现了自己在经营方面的幼稚和无知。他开始把目光聚集到大街对面的斯特林商店了，他发现约翰·邓纳姆的那双眼睛很少出现在窗户边了。这反而让他有点不自在，难道他认为自己不值得重视吗？

一天中午，太阳热辣辣地烤着大地，多数人都在休息。大街两边的树荫处，有人在一边喝着冰啤酒一边闲散地聊天。沃尔顿将最后的物品摆放到货架上，他不停地在店里穿梭，碰碰这儿，弄弄那儿，他对自己所做的一切都怀有很大的不满。

这时候，有两个客人走到对面的斯特林商店，片刻之后，他们每人拎着袋子说笑着走了出来。沃尔顿双手交叉在一起，呆呆地注视着这刚刚发生的一幕。

为什么同样的货品,同样在一条街上,对面商店的客源却比自己要好很多呢?越来越多的问题让沃尔顿困惑不已。他一直好奇地看着对面的动静。过了一会儿,他看到约翰·邓纳姆匆匆走了出去。

于是,沃尔顿走进了那家商店。

这样炎热的天气,那里的店员却没有昏昏欲睡的状态,而是热情洋溢地接待了沃尔顿。或许时间太短,他还不曾了解面前的这位先生正是竞争对手。于是,沃尔顿仿佛进入到一位藏宝专家的密室,最让他兴奋的是主人不在。

他开始观察约翰所做的一切,趁着店员没有注意的时候,将商品的价格、陈列位置、货品清单写在早先准备好的记事本上,准备将这些宝贵的资料带回去研究。

次数多了,约翰也注意到了沃尔顿的行动,表现得非常恼火,虽然没有发生肢体冲突,但一直对沃尔顿冷嘲热讽。

经营商店初获成功

自从1945年沃尔顿买下自己的第一家商店之后,他就立志要把零售业这门学问研究透彻。

在观察其他经营对手经营管理的同时,沃尔顿还从管理一家本·富兰克林特许商店中学到了大量有关经营的知识。本·富兰克林公司对管理各个独立商店有一个出色的经营计划,对连锁加盟的商店有着刻板的程序。

本·富兰克林公司还有自己的一套会计制度,有工作手册告诉加盟商该做什么、何时做以及怎样做。他们有商业报表,有应收账,有损益账,有小型分类账簿,称之为"对照昨天账簿",在账簿中可以按日对今年的销售量与去年的销售量作比较。

以前,沃尔顿在会计核算方面没有经验,所以只能根据本·富兰克林公司的会计体系进行记账。

本·富兰克林公司要求所有的加盟连锁店严格地照公司定下的规矩经营。公司不允许他们的各个特许经营者有较多的自行处置权。例如，商品是在芝加哥、圣路易斯或堪萨斯城集中调配的，由公司决定每个连锁店卖什么商品、卖什么价钱，批发给各个店的价格也是统一的。

总部告诉沃尔顿："公司选择的商品正是顾客所需要的东西。你必须从公司至少订购80%的商品，如果你这样做了，到年终时就能得到一笔回扣。如果你想得到6%或7%的净利润，必须雇用所规定的帮工和做所规定的广告。"

沃尔顿了解到，大部分特许商店都是这样经营的。

一开始，沃尔顿严格按照公司总部的规定经营他的商店，因为他一点经验也没有，确实不知道如何才能做得更好。但是没有多久，沃尔顿就有了自己的想法，他开始进行尝试了。

沃尔顿制订了他自己的促销计划，开始直接向制造商购买商品。他开着汽车到田纳西州找到几位能按低于本·富兰克林公司的批发价格供货的朋友。他费了大量口舌，与制造商讨价还价，交换利益。

他说："我想直接购买这些缎带和领结。我不希望你们先把它们卖给本·富兰克林公司，然后我不得不多付25%的钱再向他们购买。我要直接订货。"

在大多数情况下，这些制造商不想触犯本·富兰克林公司，所以他们拒绝了沃尔顿。不过，终于他还是找到一家愿意通融并按自己的要求行事的制造商。

这一家是尤宁城的赖特贸易公司，它按优惠的批发价格向沃尔顿这样的小企业出售商品。

这样一来，沃尔顿必须白天在自己的店中忙碌一天，等到工作结束后，紧接着就跳上他的老爷车，一路风尘地赶往位于密苏里州科登伍德波因特的密西西比河渡口，进入田纳西州。他的汽车后面还挂着一辆自制的拖车。

尽管很辛苦，但当他再返回纽波特的时候，整个驾驶舱、后座和自制拖车满载着按优惠价买到的货物，沃尔顿觉得所付出的一切都是值得的。这些通常是一些好销的女人的紧身裤、尼龙袜、男衬衫等。

沃尔顿把这些货运回来，再按低于其他商店的价格出售。

本·富兰克林公司的其他加盟商知道沃尔顿的做法之后，简直快气疯了，他们不仅在销售额上无法抽成，而且在采购价格上也无法同沃尔顿竞争。

后来沃尔顿又开始向田纳西州以外地区扩展业务。他与纽约的一位名叫哈里·韦纳的制造商代理人通过信件拉上了关系。

哈里在纽约的第七大街505号开设了韦纳采购服务公司。其实服务公司是一种非常简单的业务，他访问所有各种不同的制造商，然后列出他们要拍卖的待售货物清单。当某个人给他一份采购订单后，他就把订单交给有关工厂，并收取5%的佣金，然后厂商就会把货物发运给客户。沃尔顿算了一下，与本·富兰克林公司的25%相比，这5%的佣金已经是相当合算了。

有一次，哈里按每打2美元的批发价经销腰部有弹性的双线斜纹缎的紧身女内裤。沃尔顿过去一直按每打2.5美元向本·富兰克林公司购买相同的紧身裤，并按1美元3条的零售价出售。

沃尔顿听哈里说完之后，他兴奋地想："如果按哈里的每打2美元的价格，我就能按1美元4条的价格推销我们的商品，并且还能因此为我们的商店做一次很大的促销！"

不过沃尔顿也知道，他在纽波特无法贯彻这个想法，因为本·富兰克林公司的计划太死板，它不会允许他这么干。虽然沃尔顿与哈里等这些人有很多生意往来，但是他同本·富兰克林公司订有合同制约，合同规定他应从公司采购至少80%的商品。如果沃尔顿不能达到这个指标，那他就得不到规定的年终回扣。

最终，沃尔顿尽了一切努力扩展这一合同。他在合同之外尽可能多地采购商品，并仍然设法达到80%这个要求。

沃尔顿对顾客的服务细致入微。比如，在他的小店里，商品的摆放方式更便于顾客进行挑选。他对每位顾客都面带微笑，甚至能叫出大多数客人的姓名，让所有的顾客都感到他的真诚和热情。

查利·鲍姆当时是本·富兰克林公司的实地管理人员，他有一次告诉沃尔顿："萨姆，你今年只达到了70%。"

沃尔顿一听就气坏了，他破口大骂："什么70%？！真见鬼！难道你不会到账上去仔细查一查吗？"

本·富兰克林公司后来也没有因此事而为难沃尔顿。沃尔顿自己想："可能是因为我的商店发展很快，从一家破破烂烂的商店一跃而成为本地区经营业绩最好的企业之一。"

在沃尔顿的努力下，小店业绩由第一年的10.5万美元，到第二年的14万美元，再到第三年的17.5万美元……而在原店主手中时仅为7.2万美元。仅仅两年半时间，他就还清了海伦的父亲借给他的20000美元，对此他和海伦都感到无比高兴。

海伦拍着手对沃尔顿说："萨姆，这意味着企业已完全是属于我们自己的了！这真是太棒了！"

沃尔顿却说："这才仅仅是一个开始，海伦。现在我们可以真正地按自己的意愿大干一番事业了!"

沃尔顿全身心地投入到自己的小店经营之中,越干越有兴趣。他在不断拓展进货渠道的同时,还试行过大量行之有效的促销活动。

首先沃尔顿想出一个办法,他把一台爆米花机放在人行道上试一下,卖爆米花的生意竟然好得出奇,这样也引来了更多的顾客。

沃尔顿在这个基础上再三考虑,又决定增设一台软冰激凌机,一起摆在外面。他认为这个办法可行,就鼓起勇气上银行贷了一笔在当时被看作是天文数字的1800美元,买了一台冰激凌机。

这是沃尔顿有生以来第一次从银行借钱,他认为"借钱生钱"是一种有效的商业途径。

冰激凌机买回来了,沃尔顿安排摆在人行道上,放在爆玉米花机旁边。这两台机器引起了人们的注意,沃尔顿也因此确实赚到了利润。他在两三年内付清了这笔1800美元的贷款,对此他感到很自豪。

每个人都被这种新奇的促销方式吸引了,人们都想到沃尔顿的店里去看看。当时本·富兰克林公司还从来没有另一家特许店拥有这种"丁当"作响的冰激凌柜台。人们就是冲着这个上沃尔顿的店里来的,这真是一种新奇的玩意儿。

某个星期六晚上,不知道是因为什么原因,当店打烊时,店员忘记了清洗机器。第二天当查利·鲍姆带着一些客户赶往那里,领他们参观沃尔顿商店的橱窗时,却惊讶地发现橱窗内爬满了苍蝇,它们是从冰激凌机里飞出来的。

查利·鲍姆把这个情况告诉了沃尔顿,沃尔顿立刻针对此事开了一次店员会议,对管理制度作了严格规定。

沃尔顿最大的竞争对手一直是黑泽尔大街对面另一个转角上的约翰·邓纳姆的斯特林商店。他的店面比沃尔顿的稍小一点,但是他仍然经营得很出色。约翰·邓纳姆的斯特林商店的营业额在沃尔顿接手之前是他们这家店的两倍。

虽然沃尔顿碰上了强硬的对手,在他买下本·富兰克林杂货店后,苦心经营,终于在两年后赶上并超过了黑泽尔大街对面的斯特林商店。

这时,沃尔顿又注意到了另一个对手——他们这条街的另一边,与老约翰的斯特林商店紧挨着的克罗格杂货店。

当时,沃尔顿得到一个消息,斯特林商店打算买下克罗格商店的租赁权并扩大店面,从而使他们的商店比沃尔顿的大出许多。所以沃尔顿急忙赶到温泉城,找到那家克罗格商店大楼的女房东。最终,沃尔顿说服了她把店面租给了自己。

虽然把克罗格商店争取到手,但沃尔顿对于这所楼房打算怎样使用还没有一个明确的计划,他只有一个念头:"绝不能让斯特林商店拥有这家店面。"

后来,沃尔顿决定用它开设一家小型百货商店。此时,纽波特已经有了好几家百货商店,其中一家恰好是由自己这家商店的房东霍姆斯拥有的。

沃尔顿想好之后,又为此制定了详细的步骤,制作了一块新招牌,从内布拉斯加州的一家公司订购了新的货架,采购了他认为能够销售的各种货物。

星期三那天,货架用火车运到了纽波特,查利·鲍姆代表本·

富兰克林公司来监督沃尔顿的生意,这时也自告奋勇帮助沃尔顿把一切安顿好。查利·鲍姆的确是一个商店布置的专家,他和沃尔顿赶到车皮旁把货架卸下火车,把它们组装起来,安放在店堂里,把货物统统上了架——前后花了6天时间。

又一个星期一,商店正式开张,沃尔顿和查利·鲍姆商量后,把它命名为"伊格尔百货商店"。

现在,沃尔顿在纽波特的前大街上已经有了两家商店,这就需要他来回跑动,张罗商品。沃尔顿这时又有了新任务,调配货品:如果在一家的商品没有销路,他就设法把它放在另一家出售。

沃尔顿也想到过自己这两家商店相互间因为太类似,肯定会有些竞争,但他认为也不会造成很大的麻烦。

那时,本·富兰克林连锁商店声誉很好,不过伊格尔商店从未赚过大钱,但是沃尔顿说:"我宁愿只要一点微薄的利润,也不能让我的竞争对手变成一家大商店。"

沃尔顿一直这么两边跑,渐渐有些吃不消了,他不得不考虑雇用一个助理经理帮助经营本·富兰克林商店。这时,正好他的弟弟巴德战后从军队退伍,也和他一起干了。

巴德尽心尽力地帮助哥哥打理商店,他每天都带着人清洗橱窗,打扫地板,布置橱窗;也干所有库房该干的工作,如登记入库的货物等经营一家商店所要干的一切活儿。

沃尔顿和巴德说:"巴德,要注意,必须把开支限制在最低限度。这是我数年以来得到的经验和教训,这个经验来自我们的母亲。我这几年也就是通过控制经营费用而赚到钱的。"

沃尔顿总是能想到新的方法,他不停地尝试做一些别出心裁的事情。巴德有一件事一直埋怨哥哥,他要巴德清洗讨厌的冰激凌机。而在沃尔顿小时帮妈妈挤牛奶时,曾经向巴德喷过牛奶,所以巴德从小就不喜欢牛奶和奶制品。

巴德向沃尔顿抱怨说:"你给我这项工作是因为你知道我不喜欢牛奶。你到现在仍然以此作弄我。"

沃尔顿在纽波特的日子过得春风得意。他和海伦都成为有身份的人,这迫使他们需要参与社区生活。沃尔顿夫妇加入了当地的基督教长老会,因为他们感到教会的教育对孩子的成长也会有所裨益。

沃尔顿为此对海伦解释说:"海伦,教会是社会的一个重要组成部分,尤其是在小城镇中。无论是你和同仁们的接触与联系,或是你在帮助其他人中作出的贡献,都一起构成了各种联系的纽带。"

海伦听信了沃尔顿的话,她对在教会工作非常热心,她热心做一个名叫"机会均等"的国际妇女组织的工作。海伦确实爱上了纽波特。

沃尔顿也成为长老会教会的一名执事,积极参加扶轮社的活动,并且成为当地的商会会长和行业委员会的头头儿,差不多城里的一切活动都积极参与。1950年的一天,一个来自纽约的名叫布莱克的监督来到纽波特镇审计彭尼公司这家商店,布莱克同该店经理谈着谈着就说到了沃尔顿。

这位经理告诉衣冠楚楚的布莱克:"嗨!布莱克先生,我们这里正好有一位以前是彭尼公司的人。他几年前来到这里创业,确实取得了很大成功。他买下本·富兰克林商店并使该店的销售额翻了一番。他现在拥有两家店铺,又是本地商会会长。他叫萨姆·沃尔顿。"

老布莱克摇摇头不相信地说："不会，他不可能是我在得梅因认识的那个人。那家伙不会有这么大的出息吧！"

虽然这么说，但布莱克还是怀着好奇来到隔壁，他看到沃尔顿确实是那个字写得很糟以致没人能看懂的家伙！

沃尔顿邀请布莱克到店里坐坐，布莱克说起往事，他们两人都大笑不已。

离开纽波特重新开始

至1950年,沃尔顿到纽波特已将近5年了,他已经实现了自己最初的目标。

那家本·富兰克林小店一年的营业额达到了25万美元,当年纯利润将近40000美元。无论从营业额或是从利润衡量,它不仅在阿肯色州而且在整个6个州的地区都是本·富兰克林公司首屈一指的商店。

沃尔顿自负地说:"我不相信在邻近的三四个州里还有比它更大的商店。"

而在这几年间,海伦先后又生下了儿子吉姆、约翰和女儿艾丽斯。他们一家还在忙碌之余抽空拍了一张全家福。

海伦早就对沃尔顿表示:"我要在30岁之前完成生育任务。"

这时,沃尔顿对海伦打趣说:"海伦,我们有了这几个孩子,儿女双全了,生得够了吧?!"

在冰激凌机之后,沃尔顿又试行过一些促销方式,但每一项结果都不如冰激凌机那么成功。

这时,沃尔顿经营的成功引起了诸多的关注。他的房东对沃尔顿的本·富兰克林商店的成功印象很深,他甚至后悔当初不该把店顶给沃尔顿。

想到这些,他忍不住翻出了5年前签署的租赁合同。突然,一个法律条款上的小漏洞让他意想不到。原来,沃尔顿并没有在租赁合同中提出第一个5年期满后有权继续续约的条款。这就意味着,房东有权利在5年租赁期满之后对这家商店的未来作任何决定。

沃尔顿好说歹说,无论出什么价钱,房东也不同意再租,他说想把这家商店传给他的儿子。他完全知道,在纽波特,沃尔顿再也找不到开商店的地点了。

结果是,房东出价买下了商店的特许经营权、货架和存货,价格相当优惠。

沃尔顿别无选择,只得放弃这家店。因为没有了竞争优势,接着他把伊格尔商店的租赁权卖给了自己的竞争对手和良师益友——约翰·邓纳姆的斯特林商店,终于让他实现了想扩展店面的心愿。

沃尔顿陷入了事业生涯的低谷。他饭也吃不好,感到胃有点不舒服。他真不能相信这事会发生在自己身上:"这简直是场噩梦!我在整个地区建立了这家最好的杂货商店,并且积极为社区工作,公正地办事。现在我却要被人们踢出这个城市。真是太不公平了。"

沃尔顿这时才意识到自己从前太大意了,他责备自己被这个糟糕的租约坑了,尤其对房东有怨恨。

海伦好不容易才把他们这个新的6口之家安顿好。她已经适应了在纽波特的生活，积极做一些社会事务。她对离开纽波特的前景忧心忡忡，但是不得不走。

但沃尔顿从来就不是那种遇到挫折就一蹶不振的人，也没有对房东进行任何报复。他安慰自己："如果你付出足够的艰辛，你就能使大多数逆境变为顺境，我要把逆境看作是挑战。"

经过这件事之后，沃尔顿以后再审阅租约的时候就非常仔细了，显得处处小心谨慎。也是从那个时候起，沃尔顿下定决心，鼓励他的大儿子罗布："罗布，你将来一定要当一名律师。我就吃了缺少法律方面考虑的大亏！"

沃尔顿没有沉湎于失望之中。他对自己暗暗加油："萨姆，你必须振作起来，从头干起，甚至要干得更好！"

海伦也安慰沃尔顿："萨姆，这又有什么呢？！你已经积累了丰富的经验，到什么地方重新做起都是有希望的。"

于是，他们开始寻找一个重新创业和安家的城镇。

在沃尔顿带着家人离开纽波特时，它已是一个欣欣向荣的棉花城。这真是让人有点依依不舍。

海伦感慨地说："萨姆，我们已在这里建立了生活，我们也有许多好朋友在这里。就这样离开真令人心烦意乱。"

沃尔顿劝道："海伦，俗话说'人挪活，树挪死'，也许别的地方有更好的机会等着我们呢！"

沃尔顿带着自豪中夹杂一些被伤害的教训离开了纽波特，但他从出让本·富兰克林商店中赚了50000多美元，这也使他有了一个重新开始创业的机会，而且这时他也知道该怎么干了。他32岁了，已是一个羽翼丰满、经验丰富的商人，他所需要的就是拥有一家店铺。

这年的春天，沃尔顿带着海伦和孩子们驾车到各地察看，认真地物色店铺，后来发现，阿肯色州的西北部是一个理想的地方。

首先，对海伦来说，那里比纽波特更接近她在克莱莫尔的亲友。对沃尔顿来说，他一直想找一个能打猎的地方，而那里正好是俄克拉荷马、堪萨斯、阿肯色和密苏里四州的交界处，这使他在这四个州内一年四季都有打猎的机会。

重新创业东山再起

1950年春天,沃尔顿带着海伦和孩子们物色新的理想地点。他开始试图在靠近俄克拉荷马边界的赛洛姆斯普林斯买下一家商店,但是最终与业主吉姆·多德森没能谈妥条件,只好另觅他处。

有一天,沃尔顿和海伦的父亲开车来到本顿维尔镇,在广场周围打量了一番。这原本是沃尔顿和海伦考虑的几个城镇中最小的一个,在这个小城镇,有一家商店就已经足够了,而在当时那里已有3家杂货店。

本顿维尔实际上是一个荒僻凄凉的乡下小镇,尽管有一条铁路经过它。它主要以出产苹果闻名,但当时养鸡业已开始出现。它只有3000居民,而纽波特却是一个欣欣向荣的棉花和铁路城市,有7000多人。

不过,沃尔顿喜欢竞争,在他看来,这里恰恰是能证实自己能东山再起的地方。于是他决定,在找不到更理想的地方的情况下,就在本顿维尔镇重新创业吧!

沃尔顿找到了一家哈里森杂货店,那个老店正想出售。但是那个店太小了点，沃尔顿如果要发展的话，就需要把它的店面扩大一倍。为此，沃尔顿接受了在纽波特的教训，与隔壁的理发店订立了一份 99 年的租约。

地方找好了，但拥有该商店的两个来自堪萨斯城的老寡妇却在价格上不肯让步，后来多亏海伦的父亲背着沃尔顿赶往那里，才谈妥了这笔交易。

这家商店是一个小小的乡镇老店，店中有罐头、放帽子的盒子、各种缝纫纸样，以及人们日常生活中所需要的一切东西。海伦带着孩子们赶到那里时，她当时真不能相信这就是他们将来要生活下去的地方。

但是沃尔顿却信心百倍地说："海伦，你放心，在我们来到该城后这种局面将得到改变！"新找到一个施展才能的舞台，沃尔顿骨子里积压的雄心壮志找到了释放的途径。

在沃尔顿买下这家商店之前，它的年营业额只有 32000 美元，而他在纽波特的那家商店有 25 万美元。但沃尔顿不在乎这些，因为他有宏大的计划。

沃尔顿让人拆掉了理发店和老的杂货店之间的隔墙，装上崭新的荧光灯照明的货架，代替以前少数几只吊在天花板下的光很暗的白炽灯，使店面焕然一新，基本上把它建成了一家新店。

这样一改造，商店就有 50 米宽、80 米长了。在当时，4000 平方米面积的商店，对本顿维尔镇来说已经是一家巨型商店了。

本·富兰克林公司的查利·鲍姆是一个热心的人，他和沃尔顿建立了很深的友谊，又帮助沃尔顿把他在老伊格尔商店安装的所有货架都拆了，把拆下的货架装上一辆大卡车从纽波特运往本顿维尔。

在运输过程中，因为他们的车载在某些方面不符合规定，所以他们必须通过一段年久失修、泥泞不堪的公路，以便绕过设在罗杰斯的一个过磅站。在那条糟糕的老路上两个人被颠得头晕眼花不算，行驶中还碰坏了大约一半的货架。但为了节约成本，好歹查利·鲍姆帮沃尔顿又把它们重新安装起来了。

这时，沃尔顿读到一篇报道文章，说设在明尼苏达州的两家本·富兰克林特许经营店已经实行了自助销售。在当时这是一个全新的经营概念，于是沃尔顿连夜乘公共汽车长途跋涉赶往明尼苏达州的派普斯通和沃辛顿这两个小镇去考察。

沃尔顿看到，这两家商店的四壁设货架，在所有来回的通道上设两个岛型货柜。店里不到处设收银机和店员，只是在店门口设置结账台。

这样的自由选购方式，大大提高了对顾客的信任度，也增加了顾客购买商品的购物欲。体会到这么做的好处，沃尔顿一下就喜欢上了这种格局，所以回到本顿维尔他也决定照这样做。

为了进行商业促销，沃尔顿在一开始就进行了一次出色的减价大 拍卖。他们在店堂四周的桶里装满了货物，那些太太小姐们纷纷涌进店来，弯腰扑在那些装货的桶上争先恐后地挑选商品。

沃尔顿看到这种现象，皱着眉对查利·鲍姆说道："查利，有一件事我们必须得做。过去时局艰难，有些人的内衣相当破了，现在我们应该进一些真正优质的女内衣。"

当查利·鲍姆帮助沃尔顿布置好在本顿维尔的那家商店后，它就成了周围8个州内的第一家自助商店，也是当时全美国第三家自助杂货店。

1950年7月29日起，沃尔顿开始在《本顿民主党人》报上做第一次广告。这是为沃尔顿的廉价商店"重新开张大甩卖"做的广告，广告宣称：

> 本店保证有大量价廉物美的东西供应，向孩子们免费赠送气球，9美分一打的衣夹，10美分一只的玻璃茶杯……

当地居民们看到广告后纷纷出动，一连多少天都到这家商店来买东西。这也是一家本·富兰克林的特许经营店，就像纽波特的那家商店一样，该商店立刻脱颖而出，变成一家兴旺的企业。

这个时候，沃尔顿早已脱离了本·富兰克林公司的"本本"经营方式，在销售中融入了自己的新思路和新概念。所以，他更愿意将本顿维尔的这家商店称作"沃尔顿廉价商店"。看到那些充满购物激情的太太和小姐们纷纷涌进来，弯腰扑在那些装货的桶上，沃尔顿此时的心情无法用语言来表达。

沃尔顿天生具有一种吸引人的气质，他会在距离别人老远的地方就热情地打招呼。这也是那么多人喜欢他并且乐意在他店里买东西的原因。他通过和气待人带来了生意。

另外，沃尔顿仍然能在商店里想方设法试行一些新花样。有一次他到纽约出差，几天后他回来对店员伊内兹·思里特说："嗨！伊内兹，你过来，我给你看一样东西，这是今年流行的玩意儿。"

伊内兹走过去，他看到一只装满了襻带凉鞋的箱子。这还真是种新鲜东西，伊内兹·思里特笑着说："沃尔顿先生，我想说，这些东西肯定无法卖出去，它们只会使你的脚指头起泡。"

沃尔顿听了，神秘地笑笑，然后，他拿起来一双双地捆好，把它们放在走道一头的一张台子上，标价每双19美分。

没过几天，伊内兹·思里特惊讶地发现，那批凉鞋居然卖光了。伊内兹·思里特从来没有看到一件东西卖得那么快，一双接一双，一大堆很快就卖完了。镇上每个人都买了这样一双凉鞋。伊内兹·思里特从此对沃尔顿佩服得五体投地。

寻求更大的拓展空间

1952年,沃尔顿在本顿维尔的商店生意已经很兴旺了。首战告捷,这时,他开始在其他城镇寻找开设商店的机会。

海伦出于稳定考虑,劝丈夫说:"萨姆,我们再稳定一两年之后,再考虑拓展不好吗?"

沃尔顿却说:"不行。商业上的机会有时是稍纵即逝的,一方面我渴望做更多的生意;另一方面我不想把所有的鸡蛋放在一个篮子里。"

这年年初,沃尔顿驾车南下费那特维尔,在那里找到了一家克罗格公司正打算放弃的快要倒闭的老杂货店。该店正好位于广场旁边,只有18米宽、15米深。沃尔顿没经过更多的讨价还价,就把它买了下来。

像在本顿维尔的那家商店一样,沃尔顿刚买下这家商店后,他坐在广场上,听着当地的一群喜欢嚼舌头的人闲聊:"好啦!我们给那个家伙60天,或许是90天时间,他在这里待不长。"

沃尔顿听了报以宽容的微笑:"我就喜欢你们这种腔调。"

这家小店的主要竞争对手是广场这一边的一家伍尔沃思商店和广场另一边的一家斯科特商店,那都是有名的连锁商店。

而沃尔顿买下的这家又小又旧的只有18平方米门面的杂货店不是一家本·富兰克林特许经营店,它是独立的,沃尔顿就称它为"沃尔顿廉价商店"。

"沃尔顿廉价商店"与它的竞争对手完全不同,它实行了新颖的吸引顾客的自助销售方式。这种经营方式使这家原本落后的小店远远地走在了时代前面。

沃尔顿在经营过程中不断地创新、试验和扩展。而正是这些想法,使他在一夜之间取得了成功。

当然,沃尔顿这时需要有个人来帮他管理新店,但是他还没有太多的钱去培养员工,所以他就采取了一种狡猾的方式:打探别人的商店,搜寻出色的人才。

没过多久,沃尔顿就找到了合适的人选,那就是他第一次真正雇用的第一位经理威拉德·沃克。

那天,沃尔顿和他的内弟尼克·罗布森设计了一个"偶然的机会",走进了威拉德·沃克在塔尔萨管理的一家廉价商店。沃尔顿和威拉德·沃克寒暄之后,除了产品之外,更多地谈了经营管理。谈了大概有1个小时,问了许多问题,然后离开了。威拉德·沃克虽然对沃尔顿的印象很深,但对他怀有什么目的并不知情。

一个星期之后,沃尔顿又去拜访了威拉德·沃克,说起他在费那特维尔正准备开设一家新店,并且问威拉德·沃克对经理职位是否感兴趣。

威拉德·沃克当时表现得很犹豫。

沃尔顿许诺说:"威拉德,好好干吧,如果你再犹豫的话,你损失的不仅是现有的酬金,而且还将是1%的利润。"

这一点吸引了威拉德·沃克,他精神一振:"1%?属于我吗?"

沃尔顿真诚地说:"是的,我对此作出承诺。"

于是威拉德·沃克马上提交了辞职信,跟着沃尔顿赶往费那特维尔,免费工作半天直至商店开张。威拉德·沃克当时就睡在储藏室的帆布床上过夜。

当威拉德·沃克去向公司告别时,副总经理对威拉德·沃克说:"记住,威拉德,一无所有的1%仍然是一无所有。"但是威拉德·沃克义无反顾,接受了这项职务。

沃尔顿每天一大早就赶到新店,从上班开始干到下班结束。他卷起袖子每天工作,从筹措钱款开始直至商店开张。威拉德·沃克看在眼里,也在心里下定决心跟着这样踏实的老板做事。

沃尔顿根据以前的进货渠道,用客货两用汽车从田纳西州那边的朋友们那里采购来各种各样的商品。商店确实干得不错,该商店开张的第一年,整个本顿维尔一共是95000美元的生意,而这个店就做了90000美元。

一天,沃尔顿和弟弟巴德来到店里,巴德对威拉德·沃克说:"威拉德,我确实想知道你打算干什么。"

威拉德·沃克告诉巴德:"我比你对公司更有信心。我始终相信沃尔顿的商店会取得成功,你不能不相信这个人。"

威拉德·沃克加入之后的日子里,更多的新鲜力量不断增加,他们都是为沃尔顿设定的"合伙经营"的名目吸引而来。

在那些日子里,沃尔顿把大部分精力都用于寻找那些能使他们的商店独树一帜、名声大振的点子和商品。呼啦圈一度曾风靡一时,城里的各大商店都大量进货。但是地道的呼啦圈是用塑料管制成的，价格很贵，而且不容易得到。

吉姆·多德森有一次打电话给沃尔顿，说："萨姆，我认识一位制造商，能生产像呼啦圈那种规格的管子。我认为我们可以各投资一半生产我们自己的呼啦圈。"

沃尔顿想了想，说："这个办法不错。"

于是他们立刻就这样干了。他们在吉姆·多德森的顶楼生产呼啦圈，然后包装、入库、分销……快节奏的流水作业让他们生产很快，生意良好，并且在他们两家的各个店里销售了一吨的呼啦圈。不久阿肯色西北部的每个小孩几乎人手一个呼啦圈。

当时沃尔顿的商店所用的所有货架一直是向本·富兰克林公司购买的。它们都是用木头做支架，用木制的托架存放货物，这在当时是标准的式样。

沃尔顿抽空就到他的竞争对手那里去逛逛，看看斯特林商店在做些什么。这时，他看到他们全部用金属制的货架。

沃尔顿发现这种金属货架可以提高商店的档次，于是找到在本顿维尔当地一位名叫吉恩·劳尔的工匠师傅，沃尔顿说："吉恩，请你为我们在费那特维尔的商店做一些金属货架。"

吉恩·劳尔很快就按照沃尔顿提供的样式做成了一套金属货架。沃尔顿非常高兴，他拍着吉恩·劳尔的肩膀说："吉恩，太好了。我相信，我们这个店会是全国第一家使用百分之百金属货架的杂货店。"

人们在那几年，常常看到沃尔顿驾驶着一辆1953年出厂的普利茅斯牌旧汽车，来往于制造商和商店之间。

有一次，他又驾车到费那特维尔商店来。汽车上到处都装满了货物，以致几乎没有充足的空间供驾驶用。车上装的是女士穿的紧身裤，1美元3条的和1美元4条的都有，以及尼龙丝袜。

沃尔顿走进店来，把东西放在顶头的一个柜台上，对费那特维尔商店的仓库管理员查利·凯特说："嗨！查利，照我的话去办，你在这只箱子里放1美元3条的裤子，那只箱子里放1美元4条的裤子，把尼龙丝袜放在中间。保证它们能卖出去。"

查利·凯特照沃尔顿的话去做了，他心里忐忑着：这多么东西能一下卖得出去吗？

但是真的，这些东西真的很快卖出去了。

一直关注着这批货的查利·凯特惊讶道："萨姆的策略真高明，真是不可思议。"

沃尔顿一直忙于在本顿维尔和费那特维尔、在田纳西州和位于堪萨斯城的本·富兰克林公司地区总部之间穿梭往返。

大胆开设购物中心

1954年,沃尔顿的弟弟巴德也自己借了一些钱,在一个人口只有2000多人的密苏里州的凡尔赛镇买下了一家他自己的本·富兰克林分店。兄弟俩之间一直保持着联系,但实际上是各自独立经营商店。巴德也干得相当不错。

沃尔顿有几次到堪萨斯城时,都听说那里正在兴建一个巨大的居民小区——拉斯金高地。在该小区的中央将有一个面积10万平方米的购物中心。在该中心将有一家大西洋太平洋公司的商店和一家本·富兰克林商店,顶头有一家克朗药店,中间还有一些小店。

沃尔顿听到"购物中心"这个名字,感觉非常新鲜:"啊,那一定是一种很有趣的尝试。"

于是,沃尔顿马上打电话给巴德:"巴德,马上到我这儿来,我有事要和你谈。"

当弟弟巴德的身影出现在沃尔顿的视线中时,他赶忙迎上前去,微笑着拍了拍巴德的肩膀。由于忙着经营各自的杂货店,兄弟俩已经有很长时间没见面了。

他们走进一家小咖啡馆,刚刚坐定,沃尔顿便将自己的设想细致地讲述了一遍,巴德则静静地听着,一声不响。

说到最后,沃尔顿郑重其事地问道:"巴德,对于我们来说,抢夺拉斯金高地的本·富兰克林经营权是一场赌博,因为我们从未涉足过城市,更不知道购物中心是个什么东西。但是,我相信我们有能力把这家本·富兰克林商店经营好。我的预感告诉我,这是个千载难逢的好机会。现在,你仔细考虑一下,是否愿意对此下赌注并加入进去。"

巴德几乎没有任何犹豫,语气轻快而坚定地说:"我觉得,但试无妨。"

于是,兄弟俩筹借了他们能够借到的钱,向那家本·富兰克林商店投资,各人出一半资金。

在经营杂货业的早期,在竞争对手之间存在某种约定,每家连锁商店或多或少只控制它自己所在州的生意。他们都是以当地为基础得到发展的。他们都这样说:"行了,你别跨过我的边界,我也不会侵犯你的地盘。"

拉斯金高地购物中心的事业像着火的房子那样红火,足够的顾客流量让商品供不应求,第一年沃尔顿的销售额为 25 万美元,没有多久就上升至 35 万美元。

这时,沃尔顿眼前出现了一个更为广阔的前景:"嗨,购物中心将是今后许多事物发展的前奏。"于是他决定重回阿肯色州的首府小石城,创办和发展购物中心的业务。

沃尔顿满腔热情地赶往小石城,去开创那儿的购物中心事业。

然而,一切并没有他想象的那么顺利,他刚刚看好一块地皮,还没来得及和土地所有者洽谈,却被斯特林商店捷足先登了。他们很快在它的上面建设了该城的第一个购物中心,并且以自家的斯特林商店和俄克拉荷马轮胎百货商店为其主要特色。

沃尔顿没有放弃,他花了两年时间四处活动,后来终于得到了一块地产的租赁权,劝说克罗格和伍尔沃思公司签订了租赁合约,条件是要沃尔顿必须把这条街道铺设好。

沃尔顿又开始为铺设道路筹钱,但这并非易事,到后来他不得不忍痛割爱,取消了这项交易,集中精力投身于零售业。

虽然失败了,但从这次经历中,沃尔顿学到了许多有关不动产业务的知识。后来,在沃尔顿终止最后那片土地的买卖权之后,一个名叫杰克·斯蒂芬斯的很有钱的年轻人继续去那儿开发,成功地发展了一个购物中心。

1957年5月20日,巴德从凡尔赛打电话给沃尔顿,说一场龙卷风袭击了他们在拉斯金的商店。沃尔顿自我安慰说:"噢,别太担心了巴德,它或许只不过震坏了几块玻璃。"

但是接下来,沃尔顿与那里的任何人都打不通电话,他开始担心了,于是赶紧前往堪萨斯城亲自去看个明白。大约在凌晨2时他赶到那里,看到整个购物中心实际上已夷为平地。虽然店中没有人受到严重伤害,但是商店已被破坏殆尽。

对兄弟俩来说这真是一个沉重的打击。这是他们最好的商店,但它像昙花一现,仅存片刻就消失了。

他们只好重建商店,使它慢慢恢复元气。

沃尔顿现在由于要访问所有的地方,开车赶路太耽误时间,以致没有时间干其他事情,所以他开始考虑是否要乘飞机。

一天,沃尔顿给巴德打电话说:"巴德,你到堪萨斯跟我碰头,我想买一架飞机。"

巴德听了不由大吃一惊："什么？你想买飞机?！我一直认为你是世界上最糟糕的驾驶员，甚至父亲也不愿意让你为他开汽车。你要买飞机，我想，你会在头一年里就毁了自己。"

但沃尔顿却说："巴德，无论你来不来和我碰头，我还是准备去看看这架飞机的。"

巴德说："我不会去的。我再说一遍，你会在那架飞机上毁了自己。"

后来沃尔顿打电话给巴德："巴德，我没有买那架飞机。"

巴德松了一口气："这就好。"

但沃尔顿接着说："我到俄克拉荷马城花 1850 美元买了一架空中双座飞机，你一定得来看一看噢！"

巴德走出本顿维尔机场，就看到了被哥哥称之为飞机的那种东西。它有一台洗衣机式的发动机，它启动时发出"噗噗"声，然后停一下，接着又"噗噗"作响。

巴德嘲笑地说："萨姆，我怎么看它也不像一架飞机。"

不管巴德说些什么，沃尔顿还是喜欢他那架双座小飞机。因为它一小时可飞行 100 千米，只是别遇到顶风。

在接下来的几年里，沃尔顿驾驶着它飞行了数千小时，只遇到过一次引擎故障。那次，沃尔顿从史密斯堡机场起飞，刚飞过河流，一只排气管爆炸了。仿佛世界末日一般，爆炸的脆响让沃尔顿的大脑暂时停止了工作。尽管发动机依然在转动，但他不得不将它关掉，尽量让飞机保持盘旋下降状态，终于带着一台熄火的引擎着陆了。

有了飞机，沃尔顿开设商店的热情更加高涨了。他开设了一系列杂货店，其中许多是本·富兰克林特许经营店，设在阿肯色州的小石城、斯普林代尔和赛洛姆斯普林斯。

所有这些商店都是以独立的合伙企业形式组织的,合伙人有巴德、父亲、海伦的两个兄弟,甚至沃尔顿的孩子们。沃尔顿的第二个儿子约翰·沃尔顿把他送报的钱和在陆军中得到的薪饷统统投资于商店了。

沃尔顿就像滚雪球一样,把一家商店挣到的所有的钱都用来开设另一家新的商店,事业就这样不断地扩展着。

从雇用威拉德·沃克开始,沃尔顿还允许他的经理人员作为合伙人有一定限度的投资额。

初创沃尔玛商店

在 15 年时间里,沃尔顿已成为全美国最大的独立杂货店经营者。但是该业务本身似乎受到一定的限制,每月商店的销售量如此之小,致使它实际上成不了气候。

这时,沃尔顿开始冥思苦想,寻求新的主意,以便使商店经营能闯进某个新的领域,使所有的努力取得更好的报酬。

有一次,沃尔顿在密苏里州的圣罗伯特镇得知,如果通过建立更大型的人们称它们为"家庭中心"的商店,他们的杂货商店的营业额可望达到前所未闻的水平,每家商店的年销售额将超过 200 万美元。

人们这时开始谈论像安·霍普这样一些公司的廉价商店。安·霍普公司的创立者马蒂·蔡斯被普遍认为是廉价销售之父。斯巴顿公司和马默斯马特公司,以及从哈里森和扎耶尔公司出道的两友公司,还有阿兰公司,都是在美国东北部起家的。

所以沃尔顿开始在全国奔波,学习从东部的批发商店到加利福尼亚的营销概念。

当时，在靠近沃尔顿家附近的贝里维尔镇，一名理发师赫布·吉布森也开设了他的商店，他的经营哲学是："低价买入，大量进货，廉价卖出。"他的商品比任何人都卖得便宜，也比任何人出售得多。他在阿比林、阿马里洛等地的商店都这样做了，他的商店遍布达拉斯。

1959年，赫布·吉布森来到阿肯色州西北部开设了一家名为霍华德的特许经营店。他在史密斯堡也干得非常出色，所以他把业务扩展到费耶特维尔广场，并且开始同沃尔顿的杂货店竞争。

面对竞争，沃尔顿必须得采取行动了。他是唯一采取折扣方式销售的人。沃尔顿已知道折扣销售的想法代表着未来零售业的主流。但是他习惯于搞特许经营，并喜欢这种思维定式。他喜欢与本·富兰克林公司合作的经历，但他并不想完全靠那家公司的后勤机构支援来建立一家公司。

沃尔顿首先去芝加哥找本·富兰克林公司，对他们大说好话，以支持自己搞折扣销售的冒险计划。

但是本·富兰克林公司却并不感兴趣。于是沃尔顿又去找赫布·吉布森，但是他早已有了他自己的特许经营店，所以也没有谈成。

这时沃尔顿就只有两条路了：要么继续留在杂货店行业；要么也开设一家廉价商店。但是杂货业将会受到将来的廉价销售的沉重打击，沃尔顿并不打算坐以待毙而成为打击的目标。

沃尔顿思索再三，决定自己着手在罗杰斯镇筹建一家廉价商店。罗杰斯镇是一个比本顿维尔大得多的城镇。但是，沃尔顿无法动用本·富兰克林的资金来建这家商店，于是沃尔顿只有努力从家人和朋友身上想办法。

巴德投入了3%的资金,沃尔顿的一个经理唐·惠特克也投入了2%,这样沃尔顿自己得投入95%。海伦和沃尔顿把他们所有的一切住房和财产,统统抵押出去了。他们想尽一切办法筹到了足够的钱。

1962年春,沃尔顿驾驶着飞机,和将要被任命为廉价商店首任经理的鲍勃·博格尔飞往史密斯堡。飞行在波士顿山脉的上空时,沃尔顿从他的口袋里掏出一张卡片,在上面写了三四个名字,他把卡片递给鲍勃·博格尔,问:"鲍勃,你看一下,最喜欢哪一个名字?"

鲍勃看了看卡片上的名字,它们都是由三四个词构成的名称,鲍勃·博格尔说:"行,你知道,我是个苏格兰人,我只想保持沃尔顿这个名字,并且使它成为购物场所的名称。"

鲍勃·博格尔又说:"首先,我购置过霓虹灯字母,我知道制作这些霓虹灯字母,点亮以及维修霓虹灯要花多少钱,而我们这个名称没有多少字母要花钱。这正好只有7个字母。"

沃尔顿听了笑笑,不再说什么。

几天之后,鲍勃·博格尔经过商店顺便看看何时可以在大楼里开始安装货架,他看到了招牌制造商雷伯恩·雅各布早已把"W—A—L"挂在上面,并且把梯子架在"M"上。

鲍勃·博格尔开心地笑了。

招牌挂好之后,沃尔顿还让雷伯恩·雅各布在招牌一边写上"低价销售",在另一边写上"保证满意"。

沃尔顿经过对廉价销售业务数年的研究以及对此并非全力以赴的试验之后,最终决定全力投入这个事业。

1962年7月2日,第一家沃尔玛商店终于开张了。但是并非每个人都感到高兴。

因为罗杰斯镇已有一家其他人管理的本·富兰克林特许经营店，当第一家沃尔玛商店开业时，实际上是捅了马蜂窝。那天，在购物者的人群中，出现了一群来自芝加哥的本·富兰克林总公司的"官员"，一律穿着细条子西装，像一支军事仪仗队那样齐步行进，站在商店门前，表情冰冷地问站在商店内的沃尔玛合伙人李·史密斯："沃尔顿先生在哪里？"

然后，他们朝着沃尔顿的办公室一言不发地走了进去。

他们向沃尔顿威胁说："萨姆，不准再建更多的沃尔玛商店！"

沃尔顿针锋相对："我可不是任人摆布的小孩子了。"

从沃尔玛商店开张那一天起，沃尔顿就明确指出："沃尔玛不是像本·富兰克林那样仅仅是低价销售某些商品的商店，而是实行真正的廉价销售。我们要使我们拥有的所有商品都实行廉价销售。我们打出广告，宣称以较低价格出售商品，而我们说到做到。"

所以沃尔玛始终都以低价销售商品。如果一件商品上市，城里的其他各家商店都以25美分出售，他们就将以21美分出售。

第一家沃尔玛商店虽然并不是很大，但当时营业额也达到了一年100万美元，比沃尔顿的大多数杂货店多得多。

打开了在罗杰斯的局面之后，沃尔顿安分守己、埋头苦干达两年之久，然后又在罗杰斯附近的一个更大的城镇斯普林代尔和一个略小的城镇哈里森相继开设了商店。

在开设了第一批3家商店并经营成功之后，沃尔顿就感觉到成功女神已经在向他招手了。

努力经营力争上游

沃尔顿正式开办第一家沃尔玛廉价商店时，他已经44岁了，可谓"17年磨一剑"。这并不是一个没有自制能力的人随便想想就能成功的。

沃尔玛的廉价销售，虽然在一开始，包括巴德在内的大多数同仁对整个有关廉价销售的概念非常怀疑，但是它确实是有一种有益的商业尝试。

巴德就说："萨姆，我觉得这不过是你头脑中的一种古怪的想法。"

沃尔顿也不否认，他说："是的，我在试图做些与众不同的事情，教育我们自己如何在零售业中生存发展，并努力赶在时代潮流的前头。"

这与沃尔顿的性格似乎有些矛盾，因为在他的许多核心价值观念中，他都是一个相当保守的人。但是在企业经营方面，他却一向是个猛烈反对现有体制的人，他追求创新，总是采取超乎人们常规的行动。有时候，陈规陋习会逼得他发疯。

沃尔顿为此亲自作了大量的体验调查。

有一天，本·富兰克林公司前任总经理唐·索德奎斯特第一次见到沃尔顿，当时唐·索德奎斯特在本·富兰克林公司负责数据处理，而沃尔顿则已经成为本·富兰克林公司最大的特许经营商。

这次会见之后，沃尔顿觉得唐·索德奎斯特很有些想法，就又来看他，并且把谈话转到计算机这个正题上来。沃尔顿想要了解有关如何使用计算机的情况。

唐·索德奎斯特对沃尔顿提出的一些新的经营理念产生了兴趣。

第二天是星期天，唐·索德奎斯特到靠近他家的凯马特商店购物，故意穿了一套旧的毛边牛仔衣裤。他走向服装部，看到沃尔顿正在同一个店员谈话。

唐·索德奎斯特悄悄地走到沃尔顿背后，断断续续地听到他在问那个店员：

"你们隔多久订购一次货物？"

"哦，订货量大约是多少呢？"

沃尔顿边询问，边在记事本上记录女店员的回话。

突然，沃尔顿弯下腰在一个堆满货物的柜台底下张望，由于看不清楚，他打开了进入柜台的弹簧门。接着，他又问道："你们订货的时候，怎么把握量的问题呢？我的意思是，你们怎么知道货柜里还有多少货物呢？"

当沃尔顿终于停止问话之后，唐·索德奎斯特才小心翼翼地喊道："嗨，沃尔顿先生，是你吗？"

沃尔顿猛地抬起头，像遇到多年未见的故人一样热情地说：

"是啊，唐，你怎么会在这里？"

唐·索德奎斯特说："我在买东西呢，你来这里干吗？"

此时，沃尔顿竟然腼腆地笑了，他说："呵呵，我正在接受教育呢，这是经营和管理商店工作中的一部分。"

1962年，可以说是廉价销售业大发展的一年。在那一年，就有4家大公司开设了廉价销售连锁商店。

在经历了一生的逆流而上的奋斗之后，沃尔玛公司取得了惊人的成就，其真正的秘诀之一就是适应发展的潮流。许多最佳机会都是由需要产生的。

沃尔顿被迫一边经营一边学习和实践一些新事物，因为他们是在这些偏僻的小城镇里，在缺乏财务支持、缺乏资本的情况下开创事业的，这些新事物极大地帮助了公司的发展。

沃尔顿意识到，其实，在美国的小城镇里存在着许多许多的商业机会，它比任何人所想象的要多得多。

当沃尔玛公司在斯普林代尔开设第三家商店时，沃尔顿想使防冻剂价格成为吸引顾客的热点。所以他进了3卡车的普莱斯通防冻剂，并以每加仑1美元的价格出售。然后他把每支克里斯特牙膏的价格定为27美分。

这一下，使得许多人甚至远至塔尔萨的人都来沃尔玛商店购买牙膏和防冻剂。顾客如此之多，以致消防部门要求商店每次先把门打开5分钟，让顾客进去之后再关上门，等一批顾客买完东西之后再开门进下一批顾客。

在繁忙的时候，沃尔顿会随手抓起一个工具箱来代替现金出纳机，尽可能快地给顾客结账。

沃尔顿非常注意保持在经营杂货店中学到的习惯，如坚持为顾客服务和保证顾客满意，在此基础上，始终坚持的一点是要保持沃尔玛的价格比其他任何商店都低。

沃尔玛一开始就取得成功，人们都看到了它的巨大潜力。但是现在吉布森和其他同仁开始注目于较小的城镇，并且对沃尔顿说："嗨！萨姆，也许在这些地方有某些值得我们考察的东西。"

沃尔顿跟他们的意见一致："好，我们最好尽我们所能，尽快地使商店滚动发展。"

大家全心全意地致力于这种想法，每个人都想努力工作，以便降低管理费用。沃尔顿一直想建造几幢像样的百货大楼，但由于资金的原因，又不得不使房租维持在低水平上。

比如设在阿肯色州莫里尔顿的第八家商店开张了，当时租的是一家可口可乐装瓶厂的厂房，它被分隔成5个房间。然后，又花3000美元向一家倒闭的吉布森商店买下了一些旧货架。用捆包的绳子把货架吊在天花板下，把服装一层层吊挂在水管上，一直挂到天花板，货架用铁丝固定在墙壁上。

最初，沃尔玛没有现成的制度，没有订货规划，没有一个基本的商品品种分类表，当然也没有任何类型的计算机。但是，他们尽量设法使商品价格尽可能地降到最低，而这种做法在当时极为有利——通过与顾客建立联系，在这些小城镇的市场上的销售额不断地上升。

当顾客们想到沃尔玛商店，他们就会想到低廉的价格和保证满意的服务。他们可以完全确信他们不可能在其他地方发现更便宜的价格，而且如果他们不满意所买货物，他们可以退货。

罗杰斯镇的商店已开张了将近一年，一切东西都堆在桌子上，杂乱无章。沃尔顿找到经理克拉伦斯·莱斯，要求他对商品分门别类地作出区分，于是他们又开始建立沃尔玛的部门体系。

商品进店后，员工们就把它堆放在地板上，然后找出发票。这是沃尔顿特别强调的，他从不允许在价格上模棱两可。

有一次，克拉伦斯·莱斯看到价目表上的某货品的一般价格是1.98美元，但是他们实际进价只有0.5美元。他就对沃尔顿说："好吧，萨姆，既然原来的价格是1.98美元，那么我们就按1.25美元出售可以吧？"

沃尔顿却说："不，我们实际支付了50美分，按增加30%的价格出售，这就够了。不管你为此支付多少费用，如果我们得到一大笔好处，应把这些好处转让给顾客。"

除了缺乏基本的商品分类制度，沃尔玛还没有真正地补充进货制度，甚至还没有像在经营本·富兰克林商店时所用的那种存货账簿。在本·富兰克林商店时，如果有需要，你只要查一下存货簿，就知道你需要什么并向本·富兰克林公司订货，并按此确定价格。

要保证商品廉价，就必须做到低价采购，并保持充足的货源。刚开始时，沃尔玛商店遇到很多困难，有时候根本就很难得到一些最大的公司的推销员上门光顾，而当他们真的来时，也总是发号施令，规定提供货物的价格、数量折扣、付款方式等。在那个时候，许多大供货商都对沃尔玛傲慢无礼，根本不把他们放在眼里。

廉价销售者的基本思想是通过把某些商品的定价压低到成本的水平来吸引顾客进入商店，这些商品有牙膏、牙刷、止痛药、肥皂、洗发膏等。这些东西被廉价商店店主称为"形象"产品。在店里把它堆得高高的，以引起人们的注意，看到生意是多么的好，人们就会传言你的价格确实是低。

在公司逐步发展的进程中，沃尔顿由于太忙于集中精力从事日常经营活动，几乎没有时间为它作出考虑。沃尔顿不得不把办公室从位于本顿维尔广场的本·富兰克林商店搬到附近的一个旧车库里，并聘请了3位女士帮助他处理账簿。

招纳贤才积极促销

几年来,尽管沃尔顿一直致力于建设沃尔玛公司,但他仍继续经营原有的几家本·富兰克林和沃尔顿杂货店。不过他在悄悄地逐步地撤销这些杂货店,通常以沃尔玛商店取而代之。

沃尔顿在办公室墙上为每家商店设立了一个小小的信件箱用于存放该店的现金收入单据和账簿,他自己有一个各店的蓝色活页分类账。每当增加一家分店时,就增加一个信件箱,直至有20家商店之前都是这样做的。

每个月,旺达·怀斯曼和沃尔顿结算一次账户:登记商品账,登记销售额,登记现金账,平衡账户然后结转账户。

然后他们搞了损益盈亏账,为每家商店设立了一个损益账户,尽快地向各商店的经理公布。如果账户存在问题,沃尔顿会立即与该商店联系。由于商店经理中大多数人拥有商店的部分股份,因此他们和沃尔顿一样关心商店。

沃尔顿有一本很大的并在一起的分类账,每家商店大约有15个栏目。栏目上有销售额、管理费用、净利润、降价幅度、公用事业费、邮费、保险、税收。他每月亲自用笔登记这些数字。这已成为沃尔顿的一个习惯，当他前往各家商店时，口袋里总带着这种分类账，所以每个人始终都确切地知道自己的经营状况。

在许多年里，公司都由沃尔顿一个人负责，各商店则由店经理负责。经理中大多数人是沃尔顿经营杂货店时就加入的，他们成为人们所遇到的最大的一群廉价商店商人。

沃尔顿把各家分店的经理都看作是自己亲密的合作伙伴，他亲自挑选合适的人选，让他们在店内占有一定的股份，并在经营活动中充分信任他们，给予很大的权力，从而使沃尔玛的经营者中保有许多出色的商业人才。

沃尔顿最亲密的业务经理是唐·惠特克，是沃尔顿从在阿比林的 公司聘请来的，担当第一家沃尔玛商店的经理。唐·惠特克恐怕连高中都没有毕业，主要是他的语法太糟。他有时把人搁在一边置之不理，因为他只有一只眼睛好使，他看人时的模样很滑稽可笑。但唐·惠特克是一个工作勤勉、讲究实际、精明洒脱、宽宏大量的人，只是说话态度粗暴，所有的年轻人都不敢惹他。

唐·惠特克帮助沃尔顿奠定了公司的经营哲学：真诚对待顾客，实事求是经营，立即动手工作，坚持贯彻始终。

沃尔顿是个敏锐的人，善于看透人们的心思，了解他们的个性。他在挑选人员方面没有出过大差错。

沃尔顿经常说："一个糟糕的经理可能会拖垮我们整个企业。当一家商店一年的净利润只有 8000 美元或 12000 美元时，只要有一两个经理不诚实就会毁掉整个公司。"

沃尔顿寻找到招聘对象时，就会前往这个人原来工作的商店并同他们面谈，邀请他们到他自己的商店参观。

有的经理打趣说:"萨姆是一个非常有说服力的人;他有一种魅力,可把一只小鸟骗下树来。"

在这一点上,沃尔顿做得非常人性化。通常,他和海伦会邀请同事上他家去,并热情地递上冰激凌问候他,甚至问到他家人是否上教堂。

在孟菲斯城,沃尔顿发现了沃尔玛的第一任采购员克劳德,他在那里管理着一家伍尔沃思商店。他出生于俄克拉荷马州的马斯科吉市,有1/4的印第安人血统,高中毕业后就开始在伍尔沃思商店工作。

沃尔顿当时不希望雇用任何大学生,有许多经理也这样想,他们认为大学生不愿意放下架子做擦洗地板、清洗玻璃窗等工作。当时商店的一种典型训练方法是将一辆两轮车交给一个刚刚报到的新进人员,要他从仓库运送货物开始做起。

这些经理都出身于杂货店,具有相同的背景、相同的经营思想和相同的受教育水平。而沃尔顿要寻找的正是这种以行动为导向、说干就干的人。

克劳德早已结婚,并有了五个孩子,年薪大约为12000美元。这天,沃尔顿把他拉到冷饮柜前,开始同他聊天。

克劳德告诉沃尔顿:"就算一年只能挣这点钱,但我还能使我的薪水有所节余。"

沃尔顿高兴地说:"嗯,好。如果一个人能够理好他自己家中的钱财,他也一定会成功地管理好我们的商店。"

最初,沃尔顿把克劳德安排在费那特维尔广场东面的一家杂货店当经理,他必须同在广场西面的另一家杂货店竞争。该店是由查理·凯特管理的,并受到查理·鲍姆的监督。没有人比查理·鲍姆更难对付的了。但是克劳德非常精明能干，迫使查理·鲍姆在某种程度上不得不同他协作。

克劳德开始同吉布森公司竞争，吉布森在市中心广场也有一家分店。很明显，他们的廉价销售做法正在发挥作用，他们用保健和美容护肤品将人们拉进店里。所以克劳德想："这个办法很好啊，为什么不在我的杂货店里试一试？"

于是，克劳德改变整个商店的布局，并且通过低价格从麦克森·罗宾斯商店买下了许多商品，并投放了大量不用开处方的成药。这是沃尔玛公司的第一个廉价销售部门。但是查利·鲍姆认为克劳德在想方设法削价与他抢生意。

沃尔顿知道以后，对克劳德说："干吧，克劳德，试一试！"

当沃尔顿开始为沃尔玛商店采购货物时，时常带着克劳德一起干，不多久他就任命克劳德为沃尔玛商店总的商品采购经理。

克劳德虽然并没有太多的经验，但他尽心尽力地做，没有出什么差错。

分店经理都和沃尔顿一样热爱商业。

沃尔顿要求分店经理每周交一份他们店的销售额报告，附带还必须呈报"最畅销商品"的项目。这就让经理们自己学会如何去找出那些一直畅销的商品。如果有谁在报告中说没有什么东西畅销，沃尔顿就会不高兴。他会认为那个经理没有好好地研究如何搞好销售，而在这种情况下，他会亲自来帮助经理一起研究。

沃尔顿从小就对商业怀着极大的热情，他说："我在商业经营中能享受到极大的乐趣。我喜欢挑选出一种商品，然后让人们注意到它。我认为，如果你把商品挂起来引人注意，你就不会有任何卖不出去的商品。所以我们大量采购某些商品并大力进行促销，以便让人们注意到这种商品。如果销售情况不好,我们就把它撤下来,放到普通商品的摊位上。"

这就是沃尔顿经营的诀窍,这也是使沃尔玛公司在其创立之初就与众不同以及确实使同行难以与之竞争的因素之一。

沃尔顿经常带着经理菲尔·格林一起研究、挑选促销项目。他们往往会买一张达拉斯的报纸、一张小石城的报纸和一张史密斯堡的报纸,那上面经常登着各类商品的广告。

然后,沃尔顿说:"行了,菲尔,让我们为这个周末挑选一些广告吧!"接着,他们到店里寻找要做广告的商品,把这些商品挑出来,然后带着一把剪刀,坐在地板上浏览报纸的分类广告,直至发现某个商店经销汽油的广告。他们把报上的广告图案剪下来,写上自己的商品并贴上价格,利用报纸上其他人的广告制作自己的广告。

因为沃尔玛的价格比其他商店低,所以这种方法很起作用。沃尔顿说:"菲尔,按与其他人相同的价格为商品做广告是没有用的,否则,何必要来凑热闹?"

不久之后,菲尔·格林举行了一次促销活动。他被派去阿肯色州温泉城开设第五十二家商店,当时这个城市已有一家凯马特商店了。菲尔·格林赶到那里,发现凯马特在那里由于没有任何廉价销售的商店与之竞争,所以商品的价格较高。

菲尔·格林组织了一次洗涤剂的促销活动,这次活动也许是世界上当时最大的一次洗涤剂的展销会。他做成了一次交易,只要他大批量进货,每箱便可获得便宜 1 美元的优惠,然后菲尔·格林对洗涤剂做了一次广告促销,声称每箱从通常的 3.97 美元减价为 1.99 美元。

当本顿维尔沃尔玛总部办公室里的所有人看到菲尔·格林采购那么多洗涤剂时，他们真的认为菲尔·格林疯了。这一大堆货物，数量多得令人难以相信。它堆成一座洗涤剂箱子小山，一直堆到天花板。

但是沃尔顿表示："我却认为，我们有必要试行一下菲尔这种疯狂的做法。"

是的，沃尔顿通常都会放手让经理们做他们想做的任何促销活动，因为他相信没有哪一个经理会把事情故意搞糟。但是对菲尔·格林这次促销活动，沃尔顿还是询问他："你为什么买那么多？你不可能把它们全部卖完。"

菲尔·格林说："相信我，如果卖不完，我就留着自己吃掉它们。"

结果，这次活动极其成功，它变成了一条新闻，每个人都开始关注它，展品在一周之内一销而空。菲尔·格林接下来又搞了另一个促销会，也使本顿维尔总部的人大吃一惊。

有一天，有个来自俄亥俄州默莱公司的人拜访了菲尔·格林，他说："菲尔先生，我到本季度末手头有200台默莱牌8马力割草机要出售，我可以让你们按每台175美元的价格买下。你们要多少台？"

菲尔·格林想，过去他们一直按每台447美元出售，于是马上干脆地说："行，我把这200台都买了。"

那人立刻惊呼道："200台！什么？您全要了吗？"

菲尔毫不含糊："是，200台。"

当割草机运来时，店员们把它们全部拆箱打开，一排排放在店堂里，25台一排，一共8排，用一条链条把它们串在一起，在一条大标签上写道:"8马力默莱牌割草机,每台199美元。"

结果,这200台割草机被一抢而空。

菲尔·格林不仅喜欢反其道而行之,而且他还喜欢挑艰巨的目标而上。作为一位沃尔玛的经理,确实是从事促销的理想职位,只要采用一点点促销手段,你就可以卖掉那么多商品。这是沃尔玛公司的经理时时可以品尝到的成功的滋味。

沃尔顿很鼓励这种感觉,他说:"一些最美好的记忆是我们通过精心布置的柜台展销卖掉成吨的普通日常用品。我猜想一个真正的商人像一个好的渔民一样:总是会记住那些捕住大鱼的特殊日子。"

勇于竞争逆流而上

1980年,沃尔玛已经走过18年的历程,也在以极快的速度向前滚动发展着。

在经营过程中,沃尔顿很喜欢随时与销售人员谈话以保持接触。这也是他从销售人员的话语中激发灵感的有效途径。

这一天,沃尔顿与一个等候在休息室里的推销员闲聊,说到了一种被人们称为床伴的床垫子。当时沃尔顿并不认为他们要储备床垫这种货,但他又有某种感觉,认为床垫是一项尚未开拓的业务或者是沃尔玛应该持有的商品。

这个念头在沃尔顿心头一闪而过,他却马上就捕捉到了,于是买进了大量的床垫,对价格和利润稍微降低了幅度,而且进行大张旗鼓的展销。结果,它成了沃尔玛商店从未有过的最热销的商品。

几年后的一天,沃尔顿叫一个人核对账目,最后惊讶地发现,自从1980年他们引进床伴这个商品以来,已经出售了550万条。

还有一次,沃尔顿走进休息大厅,开始与来自阿拉丁公司的推销员闲谈该公司生产的保暖瓶。推销员带着他的样品,沃尔顿问他:"你们有哪些我们可以成功地促销的真正热门产品?"

推销员拿出一只红蓝色保暖瓶,看起来确实漂亮,他说:"可以给你较大的特别优惠。我们给你们这种价钱,而你们可以卖得高得多。"

沃尔顿说:"好吧,让我们具体谈谈。"最后又迫使推销员压了点价,使保暖瓶能以更低的价格出售,而沃尔玛各商店推出后卖出了数卡车的保暖瓶。

但是,在促销月亮馅饼的时候,沃尔顿却得到了一个教训。这种甜腻腻的果汁小吃在南方很受欢迎,沃尔顿是在田纳西州接触到这些东西的。

沃尔顿在那儿遇到一位一直以一种简单的方式销售月亮馅饼的女士,她只是把馅饼放在人们注意到的地方。而当时沃尔玛的各个商店还没大力推销过这种馅饼,在商店里也几乎看不到这种饼。

沃尔顿回到公司之后,就带上采购员去拜访了月亮馅饼公司并且说:"嗨!如果我把月亮馅饼作为我的促销商品,运到所有我们的商店,按5个一美元而不是每个23美分出售,怎么样?"

月亮馅饼公司不仅同意了,而且还把价格降至每个12.5美分,沃尔顿把零售价定为20美分一个,一周卖掉了50万个月亮馅饼,价值10万美元。这是一个真正的盈利项目。

每个分店经理都被沃尔顿的促销成功冲昏了头脑,他们把月亮馅饼运往威斯康星。那儿的人以前从未听说过这种食品,他们对此不太感兴趣,所以在那里的促销遭到了失败。

从这件事上,沃尔顿也冷静下来,他说:"促销也是一种学问,以后要小心谨慎一些。"

因此,沃尔顿召开会议,他对所有的同仁、分店经理和各部门头头儿们说:"你的商店内到处都有可以大量销售和产生大量利润的东西,如果你动脑筋把它们找出来并不怕麻烦地去促销。这是帮助公司大幅度增加每平方米营业额的关键所在。

"如果你打算让你的商店的营业额达到我们商店的那种每年两位数的增长率,并让你的公司按我们公司增长的方式增长,那你必须是以销售作为动力。否则你就可能和其他人没什么两样。我可以告诉你许多零售商的名字,他们最初都是以销售驱动的,但是这几年来多少已失去了这种驱动力。

"在零售业中,你要么是以经营驱动的——这种情况下你的主要推动力是减少经营费用和提高效率——要么是以销售驱动的。那些真正以销售驱动的零售商总是能够改善经营状况的。

"但是那些以经营驱动的零售商却往往业绩平平并开始衰退。所以我对促销的狂热是一场大游戏,我们都从中得到许多乐趣。但这也是我们创造异乎寻常高的每平方米销售额的关键,这些促销活动使我们能领先于我们的竞争对手。"

这个时期,沃尔玛强调单项产品促销帮助他们弥补了许多不足,其中包括不够深思熟虑的采购计划、不够理想的商品品种以及缺乏实际的后盾支持。这是逆流而上的另一种方式。沃尔玛是通过以努力销售来弥补他们所缺乏的东西。

从月亮馅饼事件之后,沃尔顿每周一次把所有的管理人员召集在一起并且作自我批评。所有分店经理每周六早上聚集在一起,或许是在本顿维尔,或许是在某地的一家汽车旅馆。大家审查公司上周所采购的商品并检查为此花了多少钱,并详细计划促销和计划采购的商品项目。实际上这也是在制订新的销售计划。

这种做法如此有效,后来成为沃尔玛公司文化的一部分。通过聚会，使每个人都知道公司的经营情况，并让每个人都意识到此前所有的差错。当有人犯了一个严重错误时，大家就一起讨论它、承认它，试图研究出纠正的办法，然后才开始第二天的工作。

为了弥补缺乏经验和不够精明老练的不足，他们花尽可能多的时间研究竞争对手。

沃尔顿多次强调说："大家去研究一下我们的竞争对手吧！考察一下我们的每一个竞争对手。不要专挑别人的短处，要找别人的长处。如果你找到别人的一个优点，那就是你商店所进的最好的东西。我们必须试图把这个优点与我们的公司结合起来。"

当吉布森公司的商店最初打进罗杰斯城时，沃尔玛实际上夹在两家商店之间。克拉伦斯的两个助手约翰和拉里常到那儿去，并在他们的店铺里走来走去，试图记住他们的价格。然后他们把所有的价格写下来。

那家商店后面有一个很大的敞开的垃圾箱，到晚上，在两家商店打烊后，约翰和拉里就到吉布森商店的垃圾箱里尽可能地收集他们所能找到的许多价格秘密。

在那些日子里，他们确实很少有力量去对付令人麻烦的事情，根本无暇顾及应以何种方式去做要做的事，也无法顾及零售业惯例所规定的应该做的事情。

沃尔玛主要是零星商品的采购者，不像其他连锁商店那样搞采购，即一个采购员专门负责采购某一类商品，并且只采购该类商品线的货物。最初去纽约出差采购商品时，沃尔顿雇用了一位来自密苏里州斯普林菲尔德的名叫杰姆·海克的批发商作为代理商，从他那里进货。

杰姆是一个爽直的好人，他带着唐·惠特克和沃尔顿到处转并把他们介绍给自己的客户。杰姆说:"这些客人来自阿肯色州的一家小连锁店,他们是些可靠的人。"

沃尔顿认为,利润和销量必须靠可以在小乡镇里促销的物美价廉的货物。那一次,沃尔顿采购了各种套装、外衣、淑女装和童装。

在采购男衬衫时,沃尔顿常常从科洛尼尔制造厂的一位名叫哈利·克利斯特的人那里得到最好的优惠条件。

哈利常常会在早7时就在他的展销室里等着沃尔顿了,所以沃尔顿有额外的时间上街采购。沃尔顿对哈利这种热情周到的安排一直心存感激,多年来从哈利那里采购了大量衬衫。

有一次,沃尔顿、唐·惠特克、菲尔·格林、克劳德·哈里斯、加里·赖因博思和巴德一行6人一起到纽约去采购。他们有采购预算,心里明白总共可以花多少美元,所以他们在纽约市到处走访。

巴德从未到过纽约,他对看到的一切都感到新鲜。沃尔顿把6个人分成几对,有的采购家用物品,有的采购女士服装以及其他物品。

沃尔顿说:"巴德,你和唐·惠特克去采购男士服装。"

但巴德和唐没有采购男装的经验,他们并不太熟悉服装行情。两个人前往帝国大厦,那里集中了所有的男士服装制造商。两个人都看花眼了,简直失去了自制力,就买了棉毛衫、内衣裤等各种各样的货物。

晚上,6个人又聚集在旅馆的房间里检查他们所花的钱,发现已经远远超过了预算,第二天就不得不回去取消一些订单。

沃尔顿开始控制成本,并说:"你们不要一到纽约就跟着感觉走、乱花钱。可以不雇出租车，步行采购。我们的出差费用不应超过采购金额的1%。"

他们那些天就挤住在麦迪逊广场花园附近的一家小旅馆里。

沃尔顿总是趁早上或晚上的时间找客户谈生意。这在纽约是相当困难的，因为纽约人都要乘火车上下班，并且他们对一切都恪守规则。但是沃尔顿总能想到办法，找到某个人在晚上谈生意。一方面他要求出差时间尽可能地短，另一方面他要确保所有人有工作可干。

6个人分成几组到不同类型的几家公司的展销室参观。当他们走进展销室时，对方会问："你们是哪家公司的？"

唐回答说："我们是沃尔玛公司的。"

对方一愣，想了一下只好说："哦！好吧！你们公司在哪里？"

唐答道："阿肯色州。"

对方两眼上翻思索了一下："什么镇？"

唐已经有些不耐烦了："阿肯色州的本顿维尔。"

对方又追问："本顿维尔在什么地方？"

唐板着脸回答说："靠近罗杰斯镇。"

然后那个家伙就说："请原谅，我要到房间后面去拿些东西。"

唐在后面追着那人说："你不必向邓恩与布雷兹特里特征信公司去了解我们的信用了。我们的信用与通用汽车公司的信用一样好。"

过了一会儿，那人回来了，他说："好了，我欢迎你们来这里，你们确实有良好的信誉。你们要看些什么？"

但沃尔顿却说："我们会发现有些事情要做的。"

第二天早上，沃尔顿早早带着大家来到某家公司，找到某个门房或某个人，依靠三寸不烂之舌说服他允许他们进入办公楼。当那些展销室工作人员开始上班时，沃尔顿一行早已坐在展销室门外等候了。

沃尔顿的这种工作方式，是希望大家理解他一直强调的办事方法，因为他要向同仁灌输这一思想："我们沃尔玛公司有我们的行为准则，它也许与众不同，但是这种做法是诚实可靠的。你们会领会到，它也是非常非常成功的。"

沃尔顿带领着沃尔玛逆流而上，使所有同仁都变得坚强、精干和机灵。大家后来也习惯并喜欢上了这种出差方式。

学习经验扩大规模

从 1958 年至 1970 年，大多数商店只是照搬康涅狄格州或波士顿某家商店的做法，雇一些懂得业务的进货员和业务主管，然后就开店。这种做法在当时相当成功。

沃尔顿从不追随一时的风潮，他总是尽力去建立一个良好的零售机构。在第一家沃尔玛店开业前后，他走遍全国，结识了许多促销商，参观了多家店铺和公司总部，认真研究折价销售的形式。

沃尔顿参观的第一批商店是东部的批发仓库，那些店是折价销售的发源地。他还去了位于罗得岛的安·霍普百货店，马萨诸塞州和其他一些商店。此后，他又参观了巨人百货店、马默斯和阿兰百货店等。

沃尔顿从索尔·普赖斯身上学到了很多东西，索尔于 1955 年在南加利福尼亚成功地创建了联合百货商店。他的女婿在休斯敦经营一家分销中心，沃尔顿在和他谈话中厘清了有关分销的思路。为此，沃尔顿"借用"了许多像索尔·普赖斯或商业界其他人的点子。

1976年商界前100名的折价销售商中,已消失了76家。其中不少开张时有雄厚资本和明确的目标,在大城市又有频繁的商业机会。但他们犹如昙花一现。

沃尔顿思考他们失败的原因,最后他说:"我知道了,是由于他们不把顾客当回事,不努力搞好店面的管理,不端正服务态度,归根结底是因为公司没有真正去关心自己的员工。如果你要求店里的员工能为顾客着想,那你就应该先为员工着想。"

这些早期的大折价商,大多是自我意识非常强烈的人物,他们喜欢驾驶舒适的轿车,坐私人飞机旅行,乘游艇度假,住豪华住宅。他们过着穷奢极欲的生活,如果他们能遵循最基本的一些原则,那就不会落到关门大吉的下场。

要创立资本雄厚的大公司有许多方法,但一定要下真功夫。一旦失去目标,就要付出代价。那些失败者由于对业务不够投入,所以才会走到事物的反面。

凯马特公司开张以后,运转越来越好。沃尔顿多次去过他们的商店,他非常羡慕他们的商品组合及陈列方式。当时感觉他们的店比沃尔玛的店有许多先进之处,以至于让沃尔顿觉得难以同他们竞争。

沃尔玛迎难而上,努力不懈,在前进中不断完善。接着塔吉特百货也进入市场,使整个折价销售更上一层楼,在这些有实力的零售业者建立起组织体系之后,竞争更趋激烈。

这时,那些不够精明的人无法满足顾客的需求,又没有组成强大的体系,于是开始走下坡路,最终宣告失败。

在沃尔玛发展的早期,根本引不起任何一位巨头的注意,沃尔玛也因此没有卷入竞争圈子,这也让沃尔玛有机会去得到他们经营的信息。

沃尔顿到了那里，对人家说："您好，我是阿肯色州本顿维尔的萨姆·沃尔顿，我们在那里经营着几家商店。我想拜访一下比利先生，谈谈生意上的事情。"通常对方都会让他进去，接着沃尔顿就询问许多关于价格和分销等的诸方面问题，受益甚多。

1967年的一天，折价销售同业商会的执行副总裁库尔特·巴纳德正在纽约的办公室工作，秘书进来报告说："您好，巴纳德先生，有人在门外要求加入我们的商会。"

巴纳德说："那好，不过就给他10分钟。"

于是，巴纳德看到一位矮小精悍、皮肤晒得很黑的人走了进来，腋下还夹着一只网球拍。他自我介绍说："您好，巴纳德先生，我是阿肯色州的萨姆·沃尔顿。我想与您谈一谈加入零售业协会的事情。"

然后，沃尔顿就直盯着巴纳德，头微侧向一边，尽量设法从巴纳德口中套取一切信息，还不时地做着记录。

沃尔顿说话很有趣，巴纳德与他谈话越来越深入……两个半小时后，沃尔顿告辞走了，巴纳德也累垮了。

沃尔顿通过参观其他人的公司，更加确信："没错，我们正在一丝不苟地沿着正确的轨道前进。"

20世纪60年代后期，沃尔玛已有了十多家百货商店和15家特价商店。沃尔顿和总部的3位女士，以及唐·惠特克再加上每一家店有一位经理，管理着这个有相当规模的公司。

但是，公司手下的人要么经验有限，要么一点也不懂进货，也没有经营到何种规模才有利于采购的足够经验。沃尔顿感觉，公司有点要失控了。

于是沃尔顿决定找一位资深管理者。他曾从纽贝里店雇来了加里·赖因博思。沃尔顿问加里:"加里,你能否向我推荐几个人才?"

加里就向沃尔顿推荐:"我知道有一个人很在行,萨姆,是在奥马哈的费罗尔德·阿伦。他是纽贝里店的部门经理,也是整个中西部商业采购的总负责人。"

1966年年中,沃尔顿和巴德乘飞机专程去拜访费罗尔德,请他偕夫人来自己这儿看看他们这里的经营情况。

沃尔顿激动地对费罗尔德说:"费罗尔德,沃尔玛第五分店正在阿肯色州的康韦筹建之中,我一定要让你看看我们的计划。"于是他把费罗尔德以及他的夫人请上了飞机,飞抵康韦。

费罗尔德看到,该店的一边是棉花加工厂,另一边是牲畜围场,环境糟糕至极。他第一个念头是:"店不能设在这里,看来本顿维尔总部也不像是有很好的组织规划。"

于是费罗尔德告诉沃尔顿:"萨姆,说实话,我不感兴趣。"

后来,康韦的沃尔玛店开业之后,沃尔顿把销售情况告诉了费罗尔德,费罗尔德当时就惊讶了:"天哪,这家店一天做成的生意竟是我们偌大商店一个月才能做成的。"

沃尔顿又说:"费罗尔德,在这里每平方米只需付90美分的租金。"

费罗尔德想:"这个沃尔顿一定是一个很有办法的人。"就在那时,纽贝里店决定改组,费罗尔德也将被分到新的部门,他便想:"好吧,如果要我在为之工作了21年的公司里重新开始,为什么不去看看我真正感兴趣的事物呢?"

于是费罗尔德就选择了萨姆·沃尔顿。

费罗尔德成为沃尔玛公司的第一任常务副总裁。过了一段时间，他感觉还算能够适应工作。总公司仍在本顿维尔的广场上，沃尔顿已改造了它们，但在费罗尔德看来还不够。

这些办公室在一个陈旧而狭窄的过道楼上，下面是理发店和律师事务所。有些地板已下陷，从墙角到中间高低相差约有4英寸，他们用木板把房间隔开。那实在是个结构紧凑且相当拥挤的办公室。

沃尔顿请到了专家费罗尔德，还得建一个商品分类和补充系统。所有这些项目的实施，有赖于商店员工的手工操作。

这时，沃尔顿读到了许多有关电脑的文章，感到相当好奇，于是决心学用计算机，并参加了纽约波基普西的计算机学校开设的零售业电脑课程。

学校的一位教师是来自属于折价同业会名下的全美大型零售业协会的会长阿贝·马克斯手下。

有一次，阿贝·马克斯去参加一个零售业会议，正在看一份报告，隐约感到有人站在那儿。他抬头一看，是一位身穿黑色西装，夹着公文包，头发浅灰色的男士。

阿贝·马克斯心里想："这家伙是谁？看模样还像个企业家呢！"

那个人问："您好，请问您是不是阿贝·马克斯先生？"

阿贝·马克斯说："是。"

那人说："请允许我自我介绍一下，我叫萨姆·沃尔顿，阿肯色州本顿维尔的一个无名小卒，从事零售业。"

阿贝·马克斯看了看沃尔顿，想了一下说："很抱歉，萨姆，我自认为知道零售业所有的公司和个人，但不曾听到过萨姆·沃尔顿。你能再说一下贵公司的名称吗?"

沃尔顿说:"沃尔玛公司。"

阿贝·马克斯呆了一下,然后说:"好吧,欢迎你加入折价协会。相信你会喜欢我们正在开的会议,并很快熟悉这里的每一位朋友。"

沃尔顿却说:"谢谢您的美意,马克斯先生。说实在的,我不是来这里搞交际应酬的,我只是来拜访您。我知道您是一个合格的会计师,而且颇有成就,我很想就我们正在搞的事业得到您的指点。"

说着,沃尔顿打开公文包,包里装着阿贝·马克斯曾写过的每一篇文章和每一次演讲的文稿。

阿贝·马克斯想:"这家伙是个扎实的人。"

然后,沃尔顿把一本会计账本递给阿贝·马克斯,并诚恳地说:"请告诉我哪里出了错。"

阿贝·马克斯一看,账本上所有的条目都是用手写出来的。他看着这些数字,是1966年的。

阿贝·马克斯当时就惊讶了,心想:"他只开了几家商店,却一年做成了1000万美元的生意,实在不可思议!"

阿贝·马克斯再仔细看了一下这份记录,然后说:"你问我哪里做错了?萨姆,让我告诉你哪里做错了。"

沃尔顿期待地看着阿贝·马克斯。

但是,阿贝·马克斯把账本还给沃尔顿,帮他合上公文包,对他说:"待在这里就是错了,萨姆。别再打开包了,下楼去吧,叫辆出租车去机场,马上飞回家去,按你现在的做法,继续你正在做的事。你实在做得太好了,根本无须改进。你是一个天才。"

阿贝·马克斯邀请沃尔顿加入全美大型零售业协会，沃尔顿在该协会里待了15年，交了很多朋友。后来沃尔顿去纽约的时候，又多次拜访了阿贝·马克斯。阿贝·马克斯教沃尔顿如何用计算机管理商店。

沃尔顿为了学习掌握计算机操作，费了许多时间，之后又带了公司的其他人来向阿贝·马克斯学习。

刚开始，阿贝·马克斯帮沃尔玛公司设计的电脑系统主要用于后勤支援。

阿贝·马克斯为此解释说："这就好比军队打仗，你可以把军队派往全世界，但必须有军火和食品的供给，否则就毫无用处。"

沃尔顿说："我明白这个道理，我自己已处于商业界称之为'分身乏术'的困境，把商店开到你难以掌握的地方，要去管理却鞭长莫及。如果想发展，就得学会如何管控。"

阿贝·马克斯点点头，接着说："是的，萨姆，为此，你必须得到及时的、全方位的信息。这些信息包括店里有多少商品、是什么商品，哪些商品销得较好、哪些卖不出去、哪些该补订货、哪些该降价求售，以及怎样替换那些滞销商品。要掌握更多的技巧，就是帮助公司控制存货周转率，即销货与存货的比例。这是关键所在。周转率越高，则需要的资金就越少，而要达到高存货周转率，还要涉及进货的时机，如何定价、折扣等，这些都是后勤补给的问题。"

沃尔顿早就认识到，他不能把商店扩展到界线以外，除非他有能力获得书面咨询报告来实现控制。有了计算机后，他真的掌握了最有效的信息，解决了分身乏术的问题。这使他能毫无顾虑地增加分店数目，并经营得如此成功。

没有计算机，沃尔顿后来不可能取得这些成就。没有计算机他不可能以他自己规划的方式建成一个零售帝国。他还做了许多其他事情，但如果没有计算机的帮助，一切都是不可想象的。

在学校里，沃尔顿遇到了各种精明的人才。最重要的是在那儿遇到了罗恩·迈耶，他那时是阿肯色州阿比林市达克沃尔商店年轻的财务主管。沃尔顿便开始游说他为沃尔玛工作。和其他人一样，那时罗恩·迈耶对调到本顿维尔为一个简直毫不了解的人工作毫无兴趣。但到后来，沃尔顿终于说服了罗恩·迈耶，使他改变了主意。

1968年，罗恩·迈耶加入沃尔玛公司，当了主管财务和分销方面的副总裁。

罗恩·迈耶到任之后，又引荐了一个名叫罗伊斯·钱伯斯的进入公司，担任第一任信息部经理，为公司建立了第一个高级的管理系统。这些系统使得沃尔玛即使在飞速发展时总部也能和商店保持真正紧密的联系。

由于一些分店坐落在偏僻的小镇上，得跟他们保持供给和联系，就要求分销和通信方面尽量赶在时间前面。罗恩·迈耶开发了一套程序来有效地提高内部沟通的效率。罗恩·迈耶接手分销工作后，开始设计并建立了一个能快速增长、回收迅速的分销系统。

原来各个分店直接向制造商订货，再由制造商将货运送到各个分店。而现在由总公司统筹订货，再由分销中心将各分店的订货组合起来，并且做到"出入分离"，仓库的进货与出货分别在仓库的两边。

自从罗恩·迈耶加入后，沃尔玛公司在精密设备和先进技术上的投资就超过了其他零售商。

这时，沃尔顿又为分销的问题难住了。所有在大都市的商场，有大型的分销商提供服务。而沃尔玛的一些分店就摆脱不了无人提供货源的困境，分店经理们得自行去订货。这种方式是无法长期维持下去的。

但是，由于许多分店规模太小，不能一次订下足够的货，沃尔顿只得租下本顿维尔市区的一个旧车场作为仓库，把大量货物先运到仓库，然后将货改装成小包装，再运到各个分店里去。这种方法既费钱又费时。

后来，费罗尔德向沃尔顿推荐纽贝里百货店的鲍勃·桑顿。他正为纽贝里百货公司在奥马哈市开了一家分销中心。

沃尔顿一向爱惜人才，并善于纳言，他相信费罗尔德的眼力。于是，他向鲍勃·桑顿承诺，建一个分销中心交给他经营管理。答应雇用鲍勃·桑顿的那一刻，沃尔顿用力地握着他的手说："大胆地制订你的计划吧，不要拘泥于某种环境和现实。我相信你能为沃尔玛公司建立一个储存及分销系统。"

鲍勃·桑顿很快移居到沃尔玛本顿维尔总部，并开始制订计划。此后有半年到一年的时间，他在公司帮忙做各种各样的其他事务。在工余时间他就为建立一个分销中心做计划。

沃尔顿也知道需要一个仓库，但这一切得靠自己筹集资金，支付每一分钱。为了开新店，他已经向银行贷了很多的款。

这时，正好有一位在电脑班学习的同学在威斯康星州格林贝市负责储藏和分销中心的工作。他邀请沃尔顿前去参观。

下课后，沃尔顿带着唐·惠特克、费罗尔德和鲍勃·桑顿以及另外两个人，一行6人开飞机到了威斯康星州的格林贝。他们参观了整个仓库，看他如何经营，也详细地做了笔记。那是第一个沃尔顿所了解的电脑化仓储系统。

那次访问后,沃尔顿意识到必须建立自己的仓库和标准的办公地点。所以他用大约25000美元买下了坐落在本顿维尔市边上的一个占地15英亩的农场。鲍勃·桑顿负责建造面积为15000平方米的标准办公楼,还有一间60000平方米的仓库。

现在,沃尔顿相信沃尔玛已走上了正轨。公司的业务已经扩展到了密苏里州,在赛克斯顿开了第一家店。另外在尼欧肖和西普莱恩斯也建立了一些分店,在海伦的故乡俄克拉荷马州的克莱莫尔市也开了一家分店。

最初的七八家沃尔玛百货店经营取得了辉煌的成就,但他们还需要更好的组织和找出切实可行的办法来为发展筹集资金。

至20世纪60年代末期,沃尔玛成长的速度非常快,业务有了明显的发展。沃尔玛有自己坚信的零售信念:以专业化的管理队伍为核心,以能支持公司持续发展的分销系统为基础。

至1968年,沃尔玛有了14家杂货店以及13家沃尔玛百货店。至1969年,沃尔玛百货店增加至18家。

沃尔顿说:"沃尔玛还要不断地扩张下去!"

再拓领域发行股票

1969年的时候,沃尔顿和巴德开始商量是否要让沃尔玛公司的股票上市。

沃尔顿自从当初第一次向银行贷了1800美元,为纽波特的本·富兰克林商店购买冰激凌机起,对债务便一直感到忐忑不安。但做生意总要向银行贷款。

为此,沃尔顿常常来到地方银行,为开新店或添置设备的事贷款。由于沃尔玛的信誉很好,所有银行都乐意向沃尔玛贷款。

这对沃尔顿学习许多融资方面的知识极有帮助,他也在与银行打交道过程中结交了不少银行界的新朋友,同达拉斯共和银行的吉米·琼斯交情很好,并开始更多地研究银行家以及他们做生意的方式。

至1970年,已有78名合作者投资于沃尔玛公司,这已不像是一家公司,而是由32家商店组成,由许多不同的人所共同拥有。但沃尔顿一家拥有每个商店的绝对多数的份额,为此,沃尔顿和海伦的债务也高达数百万美元。

从大萧条时期走过来的沃尔顿开始担心："万一发生意外，投资人就会设法抽走他们的资金，那我们就完了。必须尽力解决好债务问题。"

沃尔顿不仅与巴德谈到过关于公司发行股票的想法，并从阿贝·马克斯及其他一些零售商协会的同行们那里征求过意见。

1969年的一天，沃尔顿接到迈克·史密斯的电话："萨姆，我想跟你谈谈。"

迈克在小石城为密苏里州西部最大的投资银行威特和杰克·史蒂芬斯工作。杰克就是沃尔顿开发小石城购物中心失败后接手的，并取得了成功。

迈克·史密斯驱车前来本顿维尔，他从小石城到本顿维尔的一路上，每次经过一家沃尔玛商店，都停下来看看，了解了不少情况。一到沃尔顿的办公室，沃尔顿就邀请迈克·史密斯坐上他的飞机，到俄克拉荷马和密苏里的各家分店去看看。

迈克·史密斯向沃尔顿发表了很多独特的见解。而沃尔顿渴望了解股票上市的详细情况，因为他的负债几乎已经饱和。

不久，沃尔顿和巴德到俄克拉荷马的罗伯逊牧场打鹌鹑。那几天的大部分时间都在谈如何扩大生意规模，但也意识到，他们无法创造足够的利润，既可扩大生意规模，又可以还债。而且此前由于资金短缺，他们已不得不放弃计划投资的5块地方。

在驱车回家的路上，沃尔顿和巴德一致同意要认真考虑股票上市的事情，但又很担心股票上市后会失去对公司的控制。

长子罗布已于1968年从哥伦比亚大学法律学院毕业，到塔尔萨最大的一家法律事务所工作，沃尔顿家族就成了他执业后的第一个客户。作为沃尔玛的律师，罗布的首要任务就是详细了解各店的合作伙伴之间的协议,并研究各种选择。

沃尔顿对公司股票能否顺利上市一直没有把握。同时,一些债主却在向他施压。沃尔顿开着飞机赶到达拉斯,试图向共和国银行再借些钱,银行官员对沃尔顿尚未结清的债务很担心,因此拒绝了他的要求。

那时,吉米·琼斯转到新奥尔良的第一商业银行工作,沃尔顿又从达拉斯直飞新奥尔良,去找吉米。吉米给了沃尔顿150万美元的贷款,但这并不能解决实质性的问题。

由于各种各样的原因,包括纳税,罗布建议重新整理债务,把分散的贷款合并成一笔大的贷款。沃尔顿又听说谨慎保险公司向许多零售商贷款,于是和罗恩·迈耶飞到纽约准备与该公司的一位官员会谈。在去之前沃尔顿在便笺上记下了预计所需的金额,向负责贷款的官员介绍自己的5年计划,并向他们强调:"在一些小镇里既无竞争,又大有商业潜力,正有待于我们去开发。"

但是对方却不听这些,并说:"像谨慎保险那样的公司,是不敢冒那么大风险参与你们的赌博的。"

沃尔顿顺路去拜访大众互利保险公司。他们答应借给沃尔顿100万美元。作为回报,沃尔顿不但利息照付,而且当沃尔玛的股票上市时,大众互利有对该股票的认购权。

沃尔顿因为实在需要资金,别无选择之下就答应了这个苛刻的条件。

沃尔顿思索再三,决心让沃尔玛公司股票上市。同时让迈克·史密斯和杰克·史蒂芬斯知道他有意让股票上市,希望他们知道这里也存在着竞争。而且还对外宣称,说他对小石城证券公司的兴趣不大,而希望将股票上市事宜委托给一个华尔街的大承销商。

接着,沃尔顿趁去纽约采购之便,决定走一趟华尔街,听听那里人的意见。他听说怀特·韦尔德公司曾替奥马哈一家叫帕米达的零售连锁店上市过股票,于是就去拜访他们。

沃尔顿向怀特·韦尔德公司的女接待员作了自我介绍:"您好,我是沃尔玛百货店的萨姆·沃尔顿,我想找人谈谈有关公司股票上市的问题。"

接待员说:"啊,是吗?你从哪儿来?"

沃尔顿回答:"从阿肯色州的本顿维尔。"

接待员说:"好吧,我们这儿有位巴克·雷梅尔先生也是阿肯色州人,他也许能帮助你。"

沃尔顿向巴克·雷梅尔作了自我介绍,又问了他一个问题:"你们对承揽我公司股票上市事宜有多少兴趣?"

巴克·雷梅尔说:"这个我得研究一下。"

后来,巴克·雷梅尔答应承揽沃尔玛公司股票上市。但又告诉沃尔顿:"希望史蒂芬斯的人也能承销一部分股票,因为我们是老朋友。"

怀特·韦尔德问迈克·史密斯:"你是否想承销其中的1/3,而他们做2/3?"

为此迈克·史密斯和杰克·史蒂芬斯商量,杰克·史蒂芬斯问迈克·史密斯对沃尔玛的看法,迈克·史密斯说应该做,于是他们就承揽了1/3。沃尔顿有一张详细的表格,上面记着所有分店小额股东的名单。问题是应根据什么基础来计算出他们最初投入的价值。罗布基本上是根据账面金额,而没有对每家分店做任何复杂的、相关的评估,即既考虑获利能力,又考虑未来发展的潜力。结果每个股东都爽快地在契约上签了名。

1970年初,一切准备都做好了。沃尔顿和罗恩·迈耶又到各地努力去促销沃尔玛即将上市的股票,告诉人们沃尔玛公司发展前景很好。但就在公司股票发行前,股市跌落了,于是不得不推迟发行计划。

那些天,沃尔玛召开了不同以往的经理会议,他们一起去钓鱼,借此机会专心讨论公事。一去就是四五天,不带家眷。

有一次到泰布尔罗克水坝,沃尔顿对大家说:"各位,由于股市跌落,我们的股票暂缓上市。"

1970年10月1日,股市稍有恢复,沃尔玛公司的股票正式上市了。在上市说明书上记载发行30万股,每股15美元,溢价发行每股16.5美元。虽然买的人不太多,但是市场反应良好。只有800人购买,其中大多数是投资机构和熟人。

当沃尔顿和罗恩·迈耶正要离开纽约时,在机场碰到一个在巴尔的摩市一家信贷公司任职的人。看到沃尔顿和罗恩·迈耶那副自信的样子,那个人相信沃尔玛股票上市非常成功。于是他返回巴尔的摩之后,为他的公司大量地买进了沃尔玛的股票。

但是海伦一直不喜欢沃尔玛公司公开发行股票。她说:"我不愿意将自己家的财政状况公开出去,让每个人都知道。当公司股份上市以后,人们有权过问各种各样的问题,整个家庭的隐私全被破坏。这样实在让人无法接受,我恨这一点。"

的确,公司上市给沃尔顿一家带来了许多他们并不想要的公众注意。但是,那天从纽约回来,知道所有的债务都已偿清,沃尔顿立刻觉得无限欣慰。

从那天起,沃尔顿家族虽然只拥有61%的沃尔玛公司股份,但已偿清了所有贷款,并从此以后,再也不必向银行借钱来维持公司了，公司能自我发展并自己解决资金问题。

公开发行股票后，虽然公司发展速度减慢，但沃尔顿心里终于踏实多了。

后来，为了增资及扩大流通的范围，使沃尔玛公司的股票能在纽约股票交易所进行交易，又公开发行了一次。但在这次增资发行中，沃尔顿作为一个家族只卖出了一小部分股票。

沃尔顿认为出售家族的股票会造成家族的分裂，因为那些股票是沃尔顿家族财富的主要来源，所以他们一直保持着那些股票，不轻易出售。

刚开始时，除了在沃尔玛公司工作的人以外，在阿肯色州西北部很少有人对沃尔玛的股票感兴趣。这里的人只知道沃尔顿拥有一家或几家商店、当过扶轮社社长、钱伯斯商会总裁，他们或许认为沃尔玛只是按原来的模式反复扩张，如果成功只是运气好而已，但运气并不见得能持久。

沃尔顿对这种看法也不奇怪。他说："这就是人性——当一个人成功以后，他周围的人往往是最不愿意接受这一事实的人。"

召开别致的股东大会

股票一旦上市，都想保持股价的持续上涨，并且尽力吸引投资，所以大多数股份公司每年都召开股东大会，有些公司还专门为华尔街的股票分析专家们举行研讨会，会上还报告公司的发展状况，试图赢得人们对公司股票的支持和信心。

迈克·史密斯是一个极富想象力和别出心裁的人，在沃尔玛进入股市之后，迈克·史密斯向沃尔顿建议："萨姆，应该把召开年会炒成一桩轰轰烈烈的大事。"

沃尔顿采纳了迈克的建议。

大多数股东会议是在大城市的一些宾馆舞厅里举行的，会议一般开得迅速，正式的程序是宣读会议记录，通过股东的提案。有许多公司，故意将股东会议选在像特拉华州的威尔明顿这类地方召开，一则是公司所在地在那里，名正言顺；二来地处偏远，不会有太多股东出席。

但沃尔顿的做法正好相反，为了鼓励股东参加，他一般选在周末开会，并尽量邀请各地股东参加，不管是远在纽约、芝加哥或其他什么地方,虽然来回费用自理,但总给他们留下足够的时间。

这一天,沃尔玛公司上市后的第一次股东大会召开了。为帮助做好开会的准备工作,迈克·史密斯提前一天到达。沃尔顿的一个来自纽波特的朋友弗莱德·皮肯斯记错了开会的日期,也提前一天到达。所以沃尔顿决定就在他的办公室先为弗莱德单独召开一次股东会。

第二天,在仓库附近的一家咖啡厅里,一共6个人围在桌旁,正式的股东大会就这样开始了。

第二年的时候,迈克·史密斯对沃尔顿说:"萨姆,我们现在是股东公司了,得开一个真正像样的年会,并尽量多邀请一些人参加。让我们在小石城开会吧,那是阿肯色州的首府,你又来自阿肯色州。人们到那里去开会比到本顿维尔容易得多了。"

沃尔顿同意了。

于是,沃尔玛公司在小石城的马车夫旅馆召开了第二次年会,但被邀请的人一个也没来参加。

沃尔顿失望地对迈克·史密斯说:"迈克,这就是你的建议。"

后来迈克·史密斯又建议在周末请股东们到贝亚维斯塔来,那是在本顿维尔以北的一个已开发的山区,有许多高尔夫球场、网球场及湖泊。

沃尔顿说:"看来要破费了。但还是试试吧!"

这次果然有很多人来参加会议。沃尔顿选派公司里的经理去机场迎接,并安排了周末的活动。

沃尔顿说:"我希望这些来自不同城市的投资者,其中包括许多给我们提供贷款的银行家们,亲眼看看我们所做的一切以及怎样做到目前这个地步的第一手资料。我希望他们能结识我们各部门的经理和了解我们公司的经营原则。换言之，我们希望他们到本顿维尔来了解我们，了解我们的诚实、奉献和工作道德。而在纽约，他们不可能了解到所有这些。"

沃尔顿的这些做法，与大多零售商的做法大相径庭，沃尔玛只是让股东们自己来观察。股东大会安排在星期五，晚上则举行盛大的营火野餐。那天，有一位太太穿着件睡衣赴宴，举座皆惊。

星期六一早，举行情况通报会议，听取公司关于商品、财政和分配情况的报告，以及当时公司的运转情况。

星期六会议结束后，还举行了一些特别的活动。后来这样的活动年年都搞，有一年是高尔夫球赛，还有一年是去布尔肖尔斯湖钓鱼，又有一次让大家泛舟舒格河上。

这些聚会性质的股东大会竟然十分成功。沃尔玛公司的人整夜忙着烧烤，而证券分析师及其他大股东们都做起了"帮手"。大家在一起，其乐融融。

沃尔玛别出心裁的股东会议成了华尔街证券商们的话题，那些留心的人都看到，沃尔玛是可以长期合作的，他们都是认认真真的实干家，有严格的财务原则，并且日趋成熟。而且这种会议情趣浓厚。

这些会议充分向外表明了沃尔玛在上市初期就比其他公司更加努力地设法让华尔街来认识他们，理解他们。

当沃尔顿在华尔街游说时，曾遇到过各种人，有些分析家诚心诚意祝福、赞美沃尔玛。

玛吉·吉利姆是"波士顿第一证券公司"的分析师，由于信任而长期支持，她为客户投资大笔资金在沃尔玛的股票上，并使她的客户获益匪浅。

她为客户写的报告中写道：

沃尔玛是我们所了解过的经营得最好的公司。我认为它应是全美国经营管理得最好的公司，我们的一个投资客户甚至认为它是全世界经营管理得最好的公司。在我们一生中，恐怕再也难以找到另一家比沃尔玛公司更具投资潜力的公司了。

沃尔玛有一批来自苏格兰的长期投资者，他们坚持对沃尔玛公司的投资胜过任何其他人。杰克·史蒂芬斯公司的人曾带沃尔顿和罗恩到伦敦促销公司股票，那里的人对沃尔玛公司很感兴趣，他们说："我们相信长期投资。只要我们对公司的基本情况感觉良好，对公司的管理充满信心，我们就不会像一些投资基金会那样买卖公司股票。"

几年后，沃尔顿再次去爱丁堡拜访了他们，果然他们把资金投入了沃尔玛公司。最终，这些长期投资者个个笑逐颜开，因为沃尔玛是全美股票投资回报率最高的企业之一。

当沃尔玛的股价升至40美元至42美元时，一些融资公司的经理们就放风劝大家趁高卖出，他们煽动说："沃尔玛的股价已经涨到不合情理的价位了。"

沃尔顿对此非常生气，他说："我觉得这些家伙的说法毫无道理。只要我们善于经营，关心职员和客户，打好基础，就成功在握了。"

沃尔顿并且现身说法："如果我是沃尔玛的股东，或打算投资沃尔玛公司，我会走进10家沃尔玛的商店，问问店员：'你觉得要不要投资沃尔玛？公司给你的待遇如何？'他们的回答一定是极有价值的参考标准。"

有人也会常常问沃尔顿："如果要使股票热门，是否会被迫改变经营方式，比较重视短期效益而忽略了长期的战略？"

沃尔顿的回答是："不，我们对两者同样重视。当你每年要开150家新商店时，不少规划必然会带有短期性。但是，为了保持这样一种增长速度，我们必然还要考虑5年以后的长期规划。股市的压力迫使我们重视长期规划，考虑经营的连贯性，一年又一年，不仅指利润，也指销售额、毛利及其他事宜。"

自从进入股市以来，就有人多次预言过沃尔玛将要垮台。

1981年，当沃尔玛首次跨入密西西比河东部地区，买下库恩的大连锁店时，一些报告说沃尔玛的扩张已超出了能力范围，还说沃尔玛没办法扩展到亚特兰大或新奥尔良。另外还有报告预测，如果沃尔玛扩展到圣路易斯或到别的什么地方，只要一碰到真正的竞争对手，届时就不再可能像现在那样创造利润。

一些零售业分析师还担心，如果沃尔玛公司规模越来越大，将不能保持每年20%的增长率。

沃尔顿针锋相对说："我会为每年20%的增长率高兴得不得了呢！如果我们每年的销售额为250亿美元，20%就是50亿美元，这大大超过了别的零售商。"

尽管那些分析家都有自己的一套分析逻辑，并推论20%的增长率对沃尔玛公司来说是不可能的。但他们没有看到，在经济衰退之际，在别人都受到了不小打击的情况下，沃尔玛却凭借其雄厚基础，保持着稳定的增长。

公司规模越来越大，随着投资者的增多，沃尔顿经常坐飞机去底特律、芝加哥或纽约，游说那些银行家和股东，他感觉很累。好在股票在开始时就上升，于是沃尔顿转变策略，把更多时间用在好好管理公司内部事务上，而不去向外促销公司的股票。

沃尔顿说："我不认为在纽约或波士顿的什么公共关系专家或演讲解说会对股价的上升起长期的作用，真正起作用的是你经营的业绩。"

由于沃尔玛公司对股东们认真负责，美国股东协会评选它为美国头号上市公司。

沃尔顿担心的其实并不是股票的价格，而是将来有一天可能会满足不了顾客的要求，或是经理们不能激发自己，不能照顾好同仁的权益；担心公司成长后会丢掉团队精神及家庭手足的观念。

沃尔顿认为，这些担心也是挑战，比起某些说沃尔玛走错了路的评论和报告来讲，这些挑战显得更为真实、更为危险。

沃尔顿作为商业机构的领导者，绝不满足于那些零售业分析师或纽约的财务机构为他们设下的各种目标。

他说："如果我们能在每天、每周、每月的销售收入中作出示范，使我们的利润有良好表现，那我们的股票在市场上也会攀升，我们就能实现我们所追求的发展。我们的顾客将得到更好的服务。如果我们在未来 10 年中始终如一地这样做的话，不管增长率是 15%、20% 还是 25% 都无关紧要。"

建立折价连锁商店

沃尔玛公司股票上市之后，沃尔顿已经不欠债了，可以正正经经地实施他的战略计划了。沃尔顿的计划是在别人忽略的小城镇开设大型的折价店。当时，凯马特百货是不会到50000人口以下的小镇去开店的，就是吉布森百货开店的标准也是要有10000人口以上的城镇。

而沃尔玛的信条却是，即便是少于5000人的小镇也照开不误，因此扩展的机会很多。人们常常会这样说："哦，沃尔玛总是在无人知晓之前便捷足先登小镇市场。"

沃尔顿为此定下的战略方式是：先向外抢占据点，再向内填满，最后全面占领市场。

在折价售货刚兴起的年头，有很多具有分销系统的全国性的大公司都是以建立全国性的连锁网络而屹立于市场。当这些零售业的大公司从一个大城市发展到另一个大城市时，他们变得太过于分散，并且陷入了不动产、分区规划和地方政治的旋涡之中，反而把大城市以外的大好机会拱手让出。

沃尔顿就看到了这片广阔的市场，他的发展战略就这样应运而生。沃尔玛开店的原则是必须有分销中心，或叫仓库，可以照顾到有关的分店，而总公司也要确实能掌握每家分店的运转情况。每家分店都在地区经理以及总公司的控制之下，这样随时都可以向分店提供必要的照料和支援。每家分店与仓库之间的距离不能超过一天的车程，这样商品的供应和补充才不会发生问题。先以州为单位，一郡接一郡地去填满，直至整个州的市场饱和之后才向另外一个州继续发展。

沃尔玛就这样一个地区一个地区地依次开发，一直坚持下去，从阿肯色州、田纳西州，一路扩展到堪萨斯州和内布拉斯加州，直至任何想到的地方。

但要扩展到大城市去，的确要经过缜密的考虑。在大城市周围一定距离内先发展分店，静候城市向外发展。这个策略十分管用，最早在塔尔萨施行，先在布罗肯阿罗和桑德斯普林斯设点。接着，在密苏里边上的沃伦斯堡、贝尔顿、格兰德维尤，在堪萨斯的周围邦纳斯普林斯和莱文沃思以及在达拉斯，他们也如法炮制。

这种渗透战略除了有利于分销和控制外，还有其他各种好处。不用对广告花太多的财力，人们最初只是驱车经过接着开始认得沃尔玛商店，最后便成为那里的顾客。

在佛罗里达州，有许多冬天里到这里来避寒的北方人，他们无意中成了沃尔玛的顾客，接着便迫不及待地希望沃尔玛把店开到北部去。此后，沃尔顿不时收到从北方寄来的信，要求沃尔玛到那里去开店，因为他们回北方后仍非常想念在佛罗里达逛沃尔玛的感觉。

同样的情况在里奥格兰德瓦利也遇到了。于是沃尔顿决定不断地渗透发展，在对沃尔玛表示友好的这些地区里充分占领市场。

办这些事情多亏当初买了那架飞机，要不然就算想到了也无能为力。开着飞机，可以穿梭于各店铺之间，及时了解各分店里业务的进展。当分店越开越多之后，飞机变成了勘察新店开设地点的最好工具。

从空中勘察地势，可以更好地找到许多理想、合适的地点。从空中可以看出交通流向，城市和乡镇发展趋向，还可以评估不同地区的竞争情况。然后，根据这些收集到的情况，再拟定出有关房地产开发的策略。

沃尔顿认为，良好的地段和较低的地价，是开店成功的关键。他喜欢亲自勘察地形，让飞机飞得低低的，径直掠过一个镇子，接着再飞下一个镇子。一旦找到一个合适地点，便着陆，查出地产主人，并马上同他洽谈土地买卖事宜。

沃尔玛最初的100多家分店的地址就是沃尔顿和巴德经飞行勘察后选出来的。前四五百家分店的开设，沃尔顿都保持了这一传统，若不亲自驾机勘察，决不轻易签下土地买卖的交易。在这一方面，沃尔顿家族成员总是直接参与的。吉姆负责过一段时间，罗布后来也亲自参与土地勘察和土地会议。

一旦找到了一个好地方，沃尔顿毫不迟疑，就立即买下来设店。他还经常亲自动手进行装潢。通常是召集一些抽得出来的助理经理们共同来筹备新店的开张。

有一次，沃尔顿不准备为住汽车旅馆而浪费钱，于是大家就全部睡在一个朋友家中的地板上。

费罗尔德在沃尔玛公司里显得与众不同，他做事极有条理，可能这是由于他具有德国血统的缘故。如果他有一系列事情要做，他会一一记在纸上，然后有条不紊地去做。他总爱反复检查自己交办过的事是否落实。

一旦在一个地方把事情办妥了,沃尔顿就飞往下一个城市或商店,他不愿浪费时间去等其他的人。

沃尔顿酷爱飞行。他感觉在天空中摸索着前进,也是一种挑战。他判断天气变化,操作飞机上的各种机械,独立做这一切事情。另外,他特别欣赏自己可以随心所欲,想去哪儿就去哪儿,想什么时候动身便立刻就走。

沃尔顿不但自己做事随心所欲,而且一直跟公司人员强调:

> 只要你们把事情做好,只要能做成事,用什么办法都无所谓。

因此,沃尔玛的人员大多思维活跃,做事果敢。

杰克·休梅克进入公司后,所开的第一家店是设在密苏里州的圣罗伯特的第二十一家沃尔玛商店。

有一次接管一家新店,停车场尚未完工,尚未铺路面,也没有划分停车道,甚至没有停车区或其他各种标志。所以,杰克·休梅克和商店的经理加里·赖因博思商量,应尽力避免在商店开张时造成混乱的局面。

后来,杰克和加里当看到一家快餐店老板的送货车上装满了大油桶时,他们眼睛一亮,就跟那个老板商议,以后以优惠价向他供应油品,让他在开幕当天将油桶借给商店。开业那天,他们用绳子和旗帜固定在桶上,拉出了一个临时停车场。

还有一次,经过努力,沃尔玛在阿肯色州靠近40号州际公路的莫里尔顿建了一家新店,以取代原来由原可口可乐工厂改建而成的老店。总部要费罗尔德主管这件事，他要杰克·休梅克创一次新纪录，在3周内将店面开张。

杰克·休梅克说："很好，没问题。"但中间因为出了差错延误了一星期的时间，于是只有两周的工作时间。杰克·休梅克带着人拼命去做，好不容易在感恩节那天开张了，结果一塌糊涂。

沃尔顿驱车前来视察时，杰克·休梅克站在店门口恭候。沃尔顿却没有表示不高兴，他说："我知道你们确实已经尽力了，伙计们，商店看上去还不错。"说完开车走了。

沃尔顿大部分的时间都用在视察和奔波上，了解每个店是否在做该做的事，他也要求所有的经理亲自下商店检查工作。沃尔顿将商店的日常管理责任下放给经理们，他自己的任务是挑选优秀人才，然后便赋予其最大的权限和责任。

沃尔顿让经理们自己决定事情，倘若他们有错，他也会提出批评和建议。他对数字特别感兴趣，因此非常关心商店的经营报告，以及从各方面获得的信息。这样，沃尔顿既能充分施展自己的长处，又能依靠别人来弥补自己的不足。

沃尔顿固定每周六早上阅读一家分店的统计资料，一般每次要读3小时左右，读完这些报表之后感觉精神特别好，有时好几天都很愉快。

沃尔顿对记数有特别的天赋，任何数字几乎过目不忘。所以每周六早上两三点钟，他就来到公司，在开周六会前逐一阅读一个星期的各项统计数字。从这些统计表上他可看出每家分店的经营情况。有时虽然很长时间不到某个分店去了，但只要略提醒他一下，诸如经理是谁，他便可以记起他们本周的经营状况和工资开销等。

沃尔顿做事总是毫无章法，他不喜欢按部就班地做事，认为那样会降低办事效率,毫无益处。他虽然尽力去做原先自己想要做的事,去自己想要去的地方,但往往不大可能完全按照计划行事。他的这种工作方式让两个秘书洛雷塔·博斯和贝基·埃利奥特吃尽了苦头。

洛雷塔抱怨说:"萨姆总爱这样,脑子转得比别人快10倍。我是说他行动迅速,不论有无其他已计划好的事要等着做,他总是以自己想到的事先做。但每个人都有预定的计划,结果往往发生冲突,每当发生这样的事,萨姆只好召开会议进行协商。"

在头几年,这引起了许多尴尬的局面。洛雷塔给沃尔顿安排好了要会见的人,到时候他却完全抛在脑后。

有两本台历,一本在沃尔顿桌上,另一本在洛雷塔这里,但这有时完全不起作用。

有一次,洛雷塔安排好从达拉斯飞来的人与沃尔顿会面,可当早上8时洛雷塔来到公司接待他们时,竟发现沃尔顿已于5时就离开了公司,没人知道他的去向。洛雷塔只得对那些人说:"对不起,他走了。"

如此几次后,洛雷塔对沃尔顿说:"萨姆,我没办法再为你安排约会时间了。"

沃尔顿却回答说:"那再好不过。"

于是以后就由沃尔顿自己安排与别人见面的时间,但他总是约了又忘,还得由洛雷塔来收拾残局。

在出外旅行巡视过程中,沃尔顿总是随身带一个小录音机,录下他和同事们谈话时产生的想法。通常他也随身带着那本黄色笔记本,上面记着公司要做的10件至15件事。

当沃尔顿一旦决定做某件事,就会提出一个想法,大家讨论之后可能觉得这样做为时尚早或者根本不可能去做,他也好像要放弃了。但如果他确信自己的想法是对的，那么这个想法他还会反复地提出来，让大家反复地讨论，一个星期接着一个星期，没完没了，直至最后每个人都觉得与其和他争辩，还不如直接去做那件事要容易得多了，于是大家只好同意。

沃尔顿每天早上很早就到办公室，即便周六不阅读报表的话也是如此。他经常凌晨4时30分就已经坐在办公室了，在这段时间里，他可以在不受干扰的情况下进行思考和计划，也可用这段时间为公司报《沃尔玛世界》撰写文章。

沃尔顿很有独创性，他只属于他自己，独立思考。因此，他从不是橡皮图章式的主管，也从不随声附和任何人或任何事。

沃尔顿在商界以善于鼓动人心而著称，他也同样善于检查别人是否按他希望的那样去做了。大家称他的管理风格为"背后检查式的管理"。

在沃尔玛发展的过程中，沃尔顿并不着意去想下一步会是什么样子，他只知道公司正在发展，而且取得了成功，并认为可以沿着这条成功之路继续发展下去。因为他已经发现了顾客所喜闻乐见的观念。而如果一旦出现失控的苗头，一些数字未能达到预定水准时，他会立即作出调整，以维护已建成的事业。

在竞争出现以前，在那些小城镇实行折价销售的确容易。在早些时候，还没有人那样做，所以很少有人同沃尔玛竞争。折价销售对小城镇的人来说虽然还是一个新概念，但他们住在大城市的亲朋好友会跟他们说，他们自己也去过折价销售的地方。所以，当他们看见在自己居住的小城镇也搞起折价销售活动的时候，便趋之若鹜。

沃尔玛本身就是从杂货店商业中起家，而且就是来自美国地区性杂货连锁店的中心地带，并在美国各地建立了杂货连锁店的。早在经营本·富兰克林商店的时候,他就同斯特林商店和库恩的大连锁商店,以及其他地区展开了全面竞争。所以,即便在那些小城镇,折价销售不曾遇到任何竞争,但毕竟对竞争并不陌生。

沃尔顿随时留心着吉布森等连锁店,看他们是否也会步沃尔玛的后尘,所以他说:"就是他们真的也变成了折价连锁店时,我们也知道该怎么对付他们。"

公司的成长让沃尔顿极度兴奋,他得意地说:"在零售业史上,还从未有过类似的事。零售业就好像是突然冒出来的,就如同是俄克拉荷马州和得克萨斯州的油井一般,源源不断。"

沃尔顿到处挖掘能人来帮助扩展沃尔玛的业务,他也亲自参与如商品交易、房地产、建筑、研究市场竞争、料理财务及账目平衡等。大家虽然一天工作不知多少小时,但对事业取得长足的进步兴奋不已。

在20世纪70年代早期,折价业大多是彼此无竞争关系的区域性的连锁店,组成了一个合作研究群体。与他们交流了情况之后,沃尔顿才惊讶地发现,沃尔玛竟然能建那么多的分店。其他同业兢兢业业,一年也只能开办三四家,最多五六家商店,而沃尔玛一年却要开50家商店。

这使同行们都万分惊异,他们都询问沃尔顿和同仁们:"你们到底是怎样办到的呢?这怎么可能呢!"

然而沃尔玛确实做到了,他们已处于事业的顶峰。在年销售量增长的同时,年利润也成倍增长,从1970年的120万美元增长至1980年的4100万美元。

公司发展太快,最大的难题是人力问题。要挑选优秀人才,并在短期内将他们培养出来。沃尔玛的机构相当精简,商店里绝无冗员,因此,要求他们把事做得又快又好。

沃尔顿也大胆起用新人，给他们6个月时间在实践中进行训练，如果他认为谁表现良好，具有潜力，善于经营商店和管理下属，那就会给他一次机会当经理助理，会派他们去协助开设新店，然后才有机会负责经营自己的分店。

沃尔顿说："如果聘用一个缺乏经验和专门技能的人，只要他诚心学习，努力工作，就能用完成任务来弥补缺陷。"

实践证明这也是沃尔玛能快速发展成长的另一个原因。

沃尔玛致力于尽可能多地发展商品项目，并尽可能地给予各分店以必要的支援。但在20世纪70年代初，沃尔玛的分店经理们尚须独当一面，自己促销商品，自己解决运货的问题。

大多数商店一年中总要举行几次在大街上设摊促销商品的活动。在那些日子里，沃尔玛于周末在大街上卖出商品的营业额同平时在店里卖出的一样多。他们把部分停车场圈了出来，请一个乐团助兴，进行促销活动。同时把店里卖的一种橡皮艇放在锯木架上，在每艘艇中放上同类商品，并挂起"橡皮艇销售"的招牌，进行趣味促销。

在20世纪70年代初期，费罗尔德·阿伦、罗恩·迈耶、鲍勃·桑顿和沃尔顿自己都费了很大力气，设法解决向那些新增分店配给商品的问题。这些问题常常令沃尔顿头痛。

在本顿维尔，每当经过仓库时沃尔顿常会问："这货要运到哪家分店？谁订的货？我们是否进得太多了？"而与此同时，仓库的员工也为货物无法及时运来而急得直喊，而沃尔顿这边却一无所知。

为此，仓库的员工认为需要4辆拖车和6辆货柜车，沃尔顿认为那太过头了，最后买了两辆拖车和4辆货柜车。所以，每当沃尔顿要去仓库时，消息便先传开了，然后他们就把闲置着的拖车和货柜车藏起来，生怕沃尔顿看到了会不高兴。

发展得越快，在某些方面就越落在后面，最突出的问题便是分销。兴建仓库的速度远跟不上分店增设的需要。如何将货物及时送到分店，让经理们操够了心，所以不得不租用外面那些昂贵的仓库，而且还常常满足不了需要。

有时在那些仓库的周围，会有几百个货柜同时集中在那里，处理起来很费时间，结果有很多货运不出去。第二天又运来很多辆卡车的新货，还得忙着卸货。分店里虽急着要货，但非得等上一个多星期才能领到预订的货。

沃尔顿为此时时苦恼，于是聘用了当时在密苏里从事折价药材业务的戴维·格拉斯和当时正在经营本·富兰克林店的唐·索德奎斯特。沃尔顿深知这两位的才干，也深知沃尔玛在一些薄弱环节上需要帮助。

罗恩·迈耶在分销系统方面成绩斐然，为沃尔玛引进了许多新概念，诸如商品组合、双向装卸及转运等。但公司的分销制度真正走上轨道，是在戴维·格拉斯1976年进了董事会后才完成的。

在20世纪70年代中期，戴维加入公司之前，除了罗恩和费罗尔德之外，杰克·休梅克也是沃尔顿的得力助手，他一度是"克罗格超市"的经理，经营方式是把杂货和一般商品结合起来。

作为零售业商人，在沃尔顿雇用他时，杰克尚不够老练，但有很大的可塑性。他也是沃尔玛雇用的第一批大学生中的一名。作为佐治亚技术学院的毕业生，作为一个工程师，他对系统及组织十分热爱，这正是沃尔顿所迫切需要的。

由于他们的努力，公司已经开始的增长势头才得以保持。如果没有他们的鼎力相助，也许在20世纪70年代沃尔玛就被市场淘汰了，根本无法在80年代取得如此辉煌的发展成果。

一天，沃尔顿和费罗尔德打电话给杰克·休梅克："我们知道你在写政策指南方面颇有经验，所以我们希望你能到沃尔玛公司上班，为公司制定一些政策和程序。"

的确，杰克·休梅克曾在明尼阿波利斯市为克罗格和大陆五金商店执过笔。他回答说："哦，那好，但那并不是我真正想要做的。我想要做一个生意人。"

沃尔顿说："没问题，但我们还是想先让你写那东西。你写那东西要多久？"

杰克·休梅克想了一下，凭他的经验，可能要花半年到一年。但他却说："90天内完成。"

没想到，沃尔顿却说："我只给你60天时间。"

最后，只用了59天就出版了这本360页的书。

以前，沃尔玛所有商店都使用老式的收银机，需要手工操作，工作效率很低。从罗恩·迈耶到杰克·休梅克进入沃尔玛，公司制度和计算机系统进入了商店，店铺开始电脑化。

罗恩说服沃尔顿为各店购买胜家收银机，沃尔顿为此叹息说："罗恩的想法是好的，只是选错了机器。"

最终，杰克·休梅克研究了所有材料，并说服了沃尔顿，将店铺全部电脑化。

对手们这才搞清楚，如果要同沃尔玛抗衡，就得研究和学习它的经营方式。终于，他们大多也都转换成折价销售的形式。但是，他们的问题是事实上他们并没有真的折价，他们很难抛弃自己的经营模式，他们习惯了45%的利润，不会轻易改变。由于沃尔玛的低成本、低费用结构和低价格，终于打下了一片江山，结束了杂货店的传统经营模式。

建立良好伙伴关系

在沃尔玛公司成功的所有因素中,沃尔顿认为,并非交易、分销、技术、市场饱和策略、房地产战略这些秘密。公司飞速发展的真正源泉在于管理者同员工的良好关系。

那些在商店和分销中心做事,以及从事运输的外部雇员,他们通常要付出艰辛的劳动,并按时计酬。公司与这些员工的关系是真正意义上的合伙关系。这是沃尔玛公司能够不断在竞争中获胜,甚至获得自己意料之外的成果的唯一原因。

这种合伙关系是沃尔顿创业之初整体计划的一部分。他当时就希望建立一家大零售公司,其所有雇员都应享有公司的股份。沃尔顿让员工们有机会参与决定公司盈利的许多决策,他也很希望从一开始付给雇员的薪金能比其他同行都高,对他们能平等相待。

但在创业之初这并非易事。

从沃尔玛大量扩展分支商店开始,总公司与商店经理们一直是很合作的,他们都从一开始就能分享其商店的利润。但对员工们,只按时付给他们工资,而这点儿工钱在当时仅够勉强糊口而已。但是，那个时代零售业就是这么个样子，尤其是独立的杂货店。

1955年5月，当查利·鲍姆接管费那特维尔的商店时，付给女员工们每小时只有50美分。查利当时考虑了一下，觉得这实在太少了，于是，第二个星期他把工资提高到每小时75美分。这样使销售额很快就提高了。

沃尔顿并非故意那么吝啬，只不过是当时竞争欲望太强烈，以致没有更多地去考虑这些。但后来他意识到，无论把工资置于零售业中什么地位，它在一般管理费用中总是最重要的部分之一，而一般管理费用的控制是保持利润率的要害之一。

沃尔顿于是说："不管是以工资、奖金、红利或股票折让方式，公司越与员工共享利润，流进公司的利润就越多。因为员工们会不折不扣地以管理层对待他们的方式来对待顾客。而如果员工们能够善待顾客，就会增加很多的回头客，而这正是利润的真正源泉。仅靠把新顾客拉进商店，做一笔生意算一笔，或不惜工本大做广告是达不到这种效果的。"

事实的确如此，顾客称心如意，经常光临，是沃尔玛公司保持惊人的利润率的关键。而那些顾客之所以信赖沃尔玛，是因为这里的员工比其他商店的售货员待他们更好。所以，在沃尔玛公司的整体规划中，建立商店员工与顾客的良好关系被视为最为重要的部分。

广播评论员、沃尔玛公司年终会议的嘉宾保罗·哈维评价说："这里所创立的是比共产主义、社会主义，甚至比资本主义更好的东西。我喜欢称之为'开明的消费者主义'，在这儿所有人都在群体中一起工作，而顾客最终又成为上帝。"

当1970年公司公开发行股票时，最初的利润分享计划只包括经理人员,还没有扩大到所有员工。

一次,沃尔顿与海伦在开车旅行途中,海伦向沃尔顿建议说:"萨姆,对公司里所有人应当一视同仁,否则高级管理人员也不太可能长久留下。"

后来,沃尔顿考虑了这个问题,并接受了海伦的建议。

沃尔玛开始尝试把员工当作合伙人,果然,这非常有助于公司进一步发挥在生意上的巨大潜力。而且,员工们也很快发现,随着公司状况的改善,他们的收入也在提高。

沃尔顿向公司管理人员解释说:"如果想吸引和留住人才的话,我们就必须这样做。而从长远来看,由于信任公司并一直推动它沿着正确的方向发展,我们的员工也从收入及其他方面获得了好处。双方的合作能使我们的事业持续发展。"

后来,沃尔顿发现,每当公司真正遇到麻烦,或工会极有可能插足公司事务时,原因都在于管理层的失误,在于他们没有倾听员工们的诉求,或者亏待了他们;起因于管理层的管理方式以及与下属的矛盾。通常,这种情况的发生与一线管理人员的工作有直接关系,诸如某些管理人员指挥上的失误;经理不虚心听取意见,对下属缺乏应有的宽宏大量;他们不与员工沟通,不与他们共患难,结果公司就有麻烦了。

为此,沃尔顿雇了一位名叫约翰·泰特的劳工问题律师,后来他也加入了沃尔玛公司。他的忠告促使沃尔顿更要下决心改变沃尔玛的劳资关系:要关心员工,善待他们,让他们参与进来,那样就不必把所有时间和金钱都花在处理一些不必要的麻烦上了。

约翰在密苏里的一个旅游胜地组织了一次管理层的研讨会,之后不久沃尔玛便推出了一个名叫"我们关心"的计划。

约翰说:"计划的目的是使员工们明白,当他们遇到问题时,希望他们来管理层,给我们一个解决他们问题的机会。"

沃尔顿接着说:"约翰说得对,我们要传达如下信息:'是的,因为你是我们的合伙人,所以我们的门为你敞开。我们愿意洗耳恭听,我们能一起解决自己的问题。'"

关于沃尔玛把雇员称为"合伙人",有许多争论,但每个人最后都很赞许。而将其在沃尔玛公司付诸实践的念头则产生于在英格兰的一次旅行中。

当时沃尔顿和海伦去英格兰度假,他们到那儿是为了看温布尔登网球赛。就在这次旅行中,他们在意大利丢失了不少东西,因为当他们在端详一家大型折价商店时,小偷"光顾"了他们的汽车。

一天,他们正在伦敦的一条街上散步,而沃尔顿在一家商店门前停了下来,他要去看看商店。当在这家英国零售商店门前驻足时,他对海伦说道:"海伦,你瞧那块招牌写得多棒!我们也该这么做。"

海伦抬头一看,那是刘易斯合伙公司。它的招牌上列有所有员工的姓名,管理者与这些员工之间有一种合伙关系。

沃尔顿当时很激动:"同我们的所有员工建立合伙关系,这一想法真是太棒了!"

一回到家,沃尔顿便开始提倡把商店员工称为"合伙人",而不是雇员。

沃尔顿说:"如果我们不采取其他措施使之化为现实,那么这和商店的橱窗摆设就没什么两样,也就毫无意义了。我们尽量给员工以更平等的对待,毫无疑问是最明智的举动。"

1971年,沃尔玛采取了第一个大步骤,开始实施一项所有员工

参与的利润分享计划:

每一个在沃尔玛公司工作一年以上,以及每年至少工作1000小时的员工都有资格分享。运用一个与利润增长相关的公式,我们把每个够格的员工工资的一个百分比归入他的计划,员工们离开公司时可以现金方式或以沃尔玛公司股票方式取走这个份额。

依照这一方案,在10年中,公司平均将工资的6%归入这一计划。后来,利润分享计划的管理者每年都选择沃尔玛公司股票为该计划的主要投资对象,从而使该计划得到了极大的发展,也使许多员工个人账户的存款数额大增。

阿肯色州本顿维尔的沃尔玛商店卡车司机鲍勃·克拉克从1972年开始为沃尔玛工作,当时只有16辆拖车。第一个月,鲍勃去参加司机安全培训,沃尔顿经常去那儿看望他们。

沃尔顿当时对与鲍勃一起的15个司机说:"如果你跟我20年,我保证你将从利润分享计划中得到10万美元。这是笔好交易,鲍勃,你在生活中永远不会看到那么多钱。"

多年过去了,鲍勃查了一下,他的利润分享数额已达70.7万美元,而且肯定还在不停地增长。鲍勃利用买进和卖出股票,用赚来的钱添置了家具,还买了许多其他东西。

当别人向鲍勃询问他对沃尔玛公司的看法时,鲍勃告诉他们:"我为另一家众所周知的大公司开了13年车,结果离开时只拿到700美元。你们认为我对沃尔玛公司会怎么看?"

1968年4月,乔治亚·桑德斯开始担任俄克拉荷马州克莱莫尔的沃尔玛12号分店照相器材、电子产品和小家电部门的负责人。刚开始时,他每小时最低挣1.65美元。而当他1989年退休时,一小时能挣8.25美元。他离开公司时从利润分享计划中得到20万美元,并把这些钱做了很好的投资。

乔治亚·桑德斯说:"现在我们一家经常外出旅行,还买了辆新车,而剩下的钱仍比最初时还多。我买进和卖出了一些沃尔玛公司的股票,股票还被拆股了好多次。我用其中的一部分钱为母亲买了幢房子。我觉得为沃尔玛公司工作真是太棒了。"

阿肯色州斯普林代尔的沃尔玛54号分店地区教员乔伊斯·麦克默里也对别人说:"我的生活全仗沃尔玛公司。萨姆总是给予员工那么多,我也想尽可能地作出回报。到今年我的利润分享数额为47.5万美元。这笔钱当然是用于退休的,但我想还可以买架钢琴,或许有一天还可以造一栋我们梦寐以求的房子。我才40岁,我决定再在这儿干下去。"

负责处理货物索赔的总部员工琼·凯利也高兴地说:"我20岁时进了当地的沃尔玛25号分店工作。1981年我的利润分享数字是8000美元,而1991年是22.8万美元。如果你忠于这家公司,你的忠诚所获得的报酬将是惊人的。我很高兴自己能这么忠心耿耿。我挣的钱可以供女儿阿什莉上大学。"

在利润分享计划开展的同时,沃尔玛还实施了许多其他财务合作规划。比如有一个雇员购股计划,它让员工通过工资扣除的方式,以低于市值15%的价格购买股票。

多年来,为使每个员工都像合伙人那样参与公司业务,沃尔玛还推行了许多奖励和奖金计划。其中之一是损耗奖励计划,除直接的利润分享之外,它最好地体现了沃尔玛的合伙原则。

损耗或偷窃是零售业盈利的大敌之一。因此,1980年沃尔玛决定控制这一纰漏,而最后商议,其最佳途径是与员工们共享公司因减少损耗而获得的盈利。如果某家商店将损耗维持在公司的目标以内,该店每个员工都可获得奖金,最多可达200美元。

这一措施,使沃尔玛的损耗率大约是该行业平均水平的一半。不仅如此,它还促使员工们彼此之间增加了信任感,因为谁也不愿意与小偷小摸者共事。

所以在类似上述计划下,人们因诚实而直接获得报酬,便会产生真正的动力去认真地防止顾客中发生顺手牵羊的事件,并防止任何同事这么做。商店里工作的所有员工齐心协力地阻止损耗发生,而成功的结果便是他们以及他们所在的拥有股份的公司都得到好处。

不少公司也效仿沃尔玛,向员工提供各式各样的利润分享计划,但因为他们并不真正相信员工们的重要性,也不愿对员工加以引导,所以他们绝对无法赢得员工的合作。

沃尔顿总结说:"目前我们这种行业中的管理者所面临的真正挑战是如何成为所谓雇员的领袖。一旦他们做到这一点,这支队伍便会无坚不摧。"

沃尔玛有一位名叫埃德·纳吉的地区经理,是个不按规矩出牌的家伙,他总爱得罪人,麻烦不断,而且喜爱尝试新事物。

有一次,沃尔顿到得克萨斯州欧文镇880号分店视察。该店的员工及顾客年纪都很轻,各色人种都有。沃尔顿发现,这个店的经理对其下属和顾客简直糟糕透顶。

沃尔顿回来之后对埃德说:"这是我在沃尔玛所见过的最差劲的商店之一。它是沃尔玛商店中损耗率最高的,达到我们闻所未闻的6%，每年损失50万美元以上。我想我们应该把它关闭了。"

于是，埃德来到那家商店，与经理谈了一次，然后他开始重新训练各部门的头头儿。他们每个周末都召开会议，讨论各自部门的状况，然后，他让他们设置自己的目标。

他在谈话中不断鼓励他们要让员工参与进来。他和其他商店的经理们与这个店的员工谈论定量指标，并向他们显示其工作和决策与这些数字的相关性，从而使他们关心自己的销售额是否上升，不再敷衍了事地对待本职工作。他们开始学习真正的商品交易。

接着埃德发现，该店员工偷盗成风，而且对顾客的顺手牵羊行为也视而不见。他查找原因，是因为没人制定任何规章制度。顾客退货没人检查，分期付款也无人清查，甚至没人检查收银机。

于是，埃德和经理开始加强管理，开始谈论团结一致，以及怎样杜绝偷窃行为，提高销售额。他们开始检查每个出商店后门的空盒子。

有一天，他们发现了一只装婴儿车的大箱子，里面藏着价值400美元的磁带，他们抓住了偷窃者。于是，第二天早上他们开了个会，经理表扬了发现盒子和抓住小偷的女员工，每个人都对她报以热烈鼓掌，她成了一位英雄。

不过一年半，这家商店就焕然一新了，损耗率降至2%，商店开始扭亏为盈。

当沃尔顿再次到那儿时，他欣慰地说："我感到这是我40年来视察过的近2000家商店中最令我骄傲的商店之一。糟糕透顶的状况由于一位做事果断、想法得当者的积极干预而得以改观。你必须给予同仁信任，信任他们，然后才是检查他们。"

回到总部之后，沃尔顿在一次高层会议上说起这件事，他说：

"一个善于鼓励他人的有聪明才智的好经理,在和任何地方的人打交道时都能有效地运用局外人所称的'沃尔玛魔法'。你或许得仔细研究更多的人,或许必须更娴熟地运用雇用技巧。但有一点我深信不疑,任何地方的人最终都不会对我们使用的激励技巧无动于衷:如果他们被正确对待,并得到适当的培训机会,如果你对别人友善、公正而又严格,他们最终会视你为自己人。"

沃尔玛的成功当然不仅仅是因为雇员是从天性纯朴友好的乡村成长起来的,而且因为他们也必须进入沃尔玛的文化,像来自其他任何地方的人一样学习零售业务,花许多时间培训他们克服天生的羞怯,学会大声说话和帮助顾客。

沃尔玛公司的合伙关系,还表现在非常愿意与所有员工共同掌握公司的业务指标,而了解其业务进行的状况是让员工们最大限度地干好其工作的唯一途径。

沃尔玛在同行业中最早授予员工参与权,沃尔顿说:"要定期告诉商店员工业务指标的情况。分享信息和分担责任是任何合伙关系的核心,它使人产生责任感和参与感。与员工共同掌握许多指标是我们必须恪守的经营原则。"

在沃尔玛的各个商店里,都定期公布该店的利润、进货、销售和减价情况。并且不只是向经理及其助理们公布,而且向每个商店的员工、计时工和兼职雇员公布各种信息。

沃尔顿视察一家商店,某个部门经理自豪地向他汇报各个指标情况,并说:"沃尔顿先生,我们店位居公司第五名,我打算在下一年度夺取第一名!"

沃尔顿听了高兴极了,说:"没有什么比看到你们这种状态更令我欣慰了。"

沃尔顿喜欢与商店经理们会面。他们指着货架上堆满的炭笔、婴儿润肤油或午餐盒给沃尔顿看,并告诉他:"沃尔顿先生,我们之所以选择这些品种,是因为它们有很高的利润率,这些品种的销量一直很好!"

沃尔顿心里乐开了花:"我为你们感到骄傲!"

每当沃尔顿带着这种无法掩饰的兴奋回到总部,他会向各管理部门的头头儿们再说一遍:"如果我们管理者真正致力于把买卖商品并获得利润的激情灌输给每一位员工和合伙人,那么我们就拥有势不可当的力量。"

有一次,家得宝公司董事长和共同创始人伯尼·马库斯参观拥有近40万员工的沃尔玛公司。他发现,无论他走到哪儿,都能看到员工们面带微笑。

伯尼感慨地说:"沃尔玛的成功证明,人是可以被激励的。萨姆是第一个攀上顶峰的人。"

但当伯尼问沃尔顿:"萨姆,公司经营状况如何?"

沃尔顿却回答说:"伯尼,情况真的很糟。我们收银机前排的队伍太长,我们的人对顾客的帮助还不够。我不知道该怎样进一步激励他们。"

伯尼笑着称赞说:"萨姆,你是个脚踏实地、头脑清醒的人。你无疑是最优秀的商人之一。因为之前我也用同样的问题问那些濒临倒闭的零售组织的总裁,他们都吹牛说生意兴隆得不得了。"

为激励员工们不断取得最佳的工作实绩,沃尔玛公司设想出了许多不同的计划和方法,但最核心的一条是感激之情。

沃尔顿深知"所有人都喜欢赞扬"这个道理。所以,他鼓励大家在公司中寻找一切可以被赞扬的事,寻找出色的人。他说:"当员工有杰出表现时，就要让他们知道自己对公司的重要性。"

同时，沃尔顿从相反的方向考虑，不能虚伪地去赞扬做得不好的事，而必须追究事情出纰漏的原因。如果某人工作没有做好，就要诚恳地向他指出。

沃尔顿说："积极地纠正错误使我们所有人都会得益！但没有什么比让某人知道你多么感激他的工作能更好地促使他以正确的方法行事了。如果你做到了这最简单的一条，人类的天性就会表现出积极的一面。"

阿肯色州罗杰斯的沃尔玛1号分店经理安迪·西姆斯说刚开始在得克萨斯州西部的沃尔玛商店干事时，期盼沃尔顿来商店参观时的感觉，就像等待一位伟大的运动员、电影明星或州政府首脑一样。

但沃尔顿一走进商店，就像老朋友来看望一样，总是以"你在想什么"或"你最关心什么"作为其谈话的开端，一下子，安迪感觉原先那种敬畏的心情立即就被一种亲密感所取代。沃尔顿以自己的平易近人把笼罩在他身上的那种传奇和神秘色彩一扫而光。

参观结束时，沃尔顿真诚地表示："我对你们所作的贡献表示深深的感激之情。"

听着沃尔顿这些肺腑之言，商店中的每个员工似乎感到了自身的重要性。

尽管沃尔玛公司规模庞大，但一直坚持开放政策，员工们都把自己当成合伙人之一。所以在沃尔玛经常会看到这种现象：某个人会在一时冲动之下，驾车从费城或密西西比州来到本顿维尔，然后坐在门厅里耐心地等着见沃尔顿，向他表达一下自己的想法。

这并不意味着沃尔顿总能解决他们的问题，而且沃尔顿也不总是站在他们一边。但如果员工们是正确的，沃尔顿就会考虑其管理者或给他们造成麻烦的人。

沃尔玛公司业务执行副总经理迪安·桑德斯就说过："我总是感到，对萨姆来说，商店的经理和员工就是皇帝。他热爱他们，他们也的确感到他的心扉是敞开的。"

有时，沃尔顿视察商店回来后，就给迪安打电话说："迪安，让这个小伙子去管一家商店吧，他能胜任。"

迪安往往会对此人的经验等表示出一些疑虑。但沃尔顿坚持说："给他一家商店吧，让我们瞧瞧他怎么做。"

因为在和员工的沟通中，沃尔顿已经了解了这个人的能力。

据说，沃尔玛公司曾经有个这样的活动，就是"给总经理写信"，员工在公司的鼓励下提出降低成本的建议、设计出别出心裁的商品陈列、发明出灵活多样的促销方式，比如有位员工提出花钱的送货上门服务可以由原本行驶在相同路线上的货车代替，这个建议每年为沃尔玛节省开支100万美元。

沃尔顿认为，沟通不仅在公司与员工之间，还存在于公司的运作之中。由于沃尔玛规模太庞大了，不可能让每家沃尔玛商店的每个部门主管把大量时间花在与供应商讨价还价和选择货物中。所以沃尔顿试图想出能达到同样效果的方法。这就是沃尔顿独特的管理方法。

教育鼓励子女经商

沃尔顿认为:"幸福和成功应归功于一个和睦的和能激发人灵感的家庭。我和海伦都想给孩子们这样一个家庭。"

早在沃尔玛公司创立之前,海伦之所以一直坚持要在小镇上生活,是因为沃尔顿和海伦都想用他们年轻时形成的价值观培养孩子。

沃尔顿和海伦育有4个子女,分别是:大儿子罗布、二儿子约翰、小儿子吉姆和女儿艾丽斯。4个子女未经历过大萧条时期,从未担心过一日三餐,他们给了孩子们一个良好的成长环境。沃尔顿一直努力让家庭和睦温馨,海伦就是在这种环境中长大的。罗布森家族在理财方面对沃尔顿和海伦的影响很大。

如果孩子们考试得了A和B,海伦就会向他们施加压力说:"我过去全得A,我知道你也行。"

而沃尔顿则要温和得多,他说:"我过去既得A,也得B,A和B都很好。"

沃尔顿的童年是贫苦的,尤其在大萧条时期,当父亲负责处理大都会人寿保险业务时，接触的对象大多数都是还不出贷款的农场。沃尔顿曾经同父亲去经历过没收这些人家世代拥有的农场来抵债，所以这种悲惨的景象让他一生都抱定一个信念："永远不做穷人。"

沃尔顿的父母相处得并不和睦，在一起时总是吵个没完。他们都很有个性，各不相让，他们之所以没有离婚仅仅是为了孩子们。沃尔顿和巴德长大以后，父母还分居了一阵子。沃尔顿作为长子，深切地感受到家庭的不和对孩子们压力很大。他曾发过誓："若我有了家庭，决不那样争吵不休。"

所以，沃尔顿和海伦结婚伊始，他们都尽力保持家庭的和睦，等有了4个孩子之后，也尽力鼓励孩子参与社会活动。他们都参加了童子军，所有的孩子都玩橄榄球，而且都玩得很棒。

吉姆毕业之际，全城的人都对教练说："吉姆走了，这将带来影响，无法想象队里少了一个沃尔顿前景会如何。"

教练便尽力劝说同样玩得很好的艾丽斯加入球队，她打得也许还不错。

每到周末，沃尔顿尽量待在家里跟孩子们观看球赛。

有一段时间，沃尔顿还在主日学校当老师。在纽波特的时候，他每个周六都工作到22时多，星期日早上起来后照常工作。他与海伦约定轮流送孩子上主日学校。

通过夫妻俩的共同努力，孩子们在成长过程中总是受到传统价值观的教育：坚信努力工作、诚实、与人和睦相处、勤俭节约的重要性。

沃尔顿一星期至少得工作6天，海伦就承担了大部分养儿育女的责任，非常劳碌。

沃尔顿一直想让孩子们领悟到劳动的真谛,而有时孩子们却以为是把他们当成了奴隶。

艾丽斯曾对她的朋友抱怨说:"我们家与其他人家的唯一区别在于我们每个人都为商店干活。作为萨姆的孩子,我们都以这种或那种方式为公司工作过。我才5岁就得站在糖果柜台后卖爆玉米花。经商是我们生活的一部分,它往往是晚餐谈话的主要内容。我们听到过许多借钱开店的事,这让我担心。我不知道我们该怎么办,父亲欠了那么多债,他不肯停止开店。"

罗布也跟别人说:"我们总在店里工作,我放学后就在店里拖地板、搬箱子。在暑期里就做得更多了。我记得一天晚上我刚刚考上驾驶执照,就拉了一卡车货物到位于圣罗伯特的本·富兰克林商店。在那时,虽然我们干活也有报酬,可所得要比我们的朋友少。我并不知道我们受到了剥削,但我们确实没有多少钱。父亲总让我们往店里投资,我在圣罗伯特店的投资所得的利润支付了我的房钱和父亲称之为'奢侈'的其他各种费用。"

沃尔顿却笑着对孩子们说:"可爸爸也确实需要帮手啊!你看,我根本没有时间除草,为何不利用我那三个结实魁梧的男孩和一个健康的女孩来干活呢?"

当然,孩子们也并非把全部时间用于店里的工作,沃尔顿和海伦都很重视花时间带全家一起外出旅游或野营。但有时孩子们认为这种强行军式的旅行是一种苦差使。

有一次他们驾驶着一辆旧式的"德索托"旅行汽车周游全国。在路上,沃尔顿就教育几个孩子说:"你们要灵活些。不管是进行家庭旅行还是商务活动,没有一项决策是不可改变的。"

沃尔顿确实够灵活的,他经常更改行程,甚至在踏上旅程后总还要对计划进行更改。

沃尔玛开张之前,沃尔顿一年四季还不算忙碌。全家每年都有一个月的休假。1956年,他们逛公园、在外野营,足迹遍及阿肯色州。几年时间,一家人长途旅行到黄石公园、弗德台地和大峡谷。那真是一段美好的时光。

有一个夏天,他们长途旅行直达东海岸,4个小家伙和一只狗把汽车都塞满了,汽车里到处捆扎着野营装备,独木舟捆在车顶上,车后拉着自制的拖车,旅行车大摇大摆地开进纽约市。

4个孩子生平第一次到纽约,看到什么都好奇。他们穿着百慕大短裤去看了由原班人马演出的舞台剧《卡默洛特》,演员包括朱莉·安德鲁斯、理查德·伯顿、罗迪·麦克道尔和罗伯特·古利特。

但在旅途中,每经过一座不错的城镇,沃尔顿总也不忘经常停下车去逛各种各样的商店。在一般情况下,沃尔顿会跟大家一起选好营地、搭起帐篷,等海伦和孩子们都安顿下来后,他才去看商店。

如果是在路上,海伦经常会和孩子们留在汽车里等,孩子们会对父亲说:"好啦,爸爸!不要再去别的店了。"但全家人慢慢都习惯了,知道不可能阻止沃尔顿的。

后来,只要沃尔顿沿途停下来去看他的商店,4个孩子就沿路玩耍。

沃尔顿既要努力工作,又要到外面去谈生意,但孩子们从未感到他常不在家。他总是设法多与孩子们待在一起,孩子们和他相处得轻松愉快。大家一起打棒球,个个都跑得满头大汗。

艾丽斯经常紧随着沃尔顿去旅行,上中学后,沃尔顿就带她去看马展。海伦以为他们俩都去看马展了,其实,父女俩有个约定:艾丽斯去看马展,沃尔顿去逛商店。

在去大特顿公园的途中，一家人计划到山里去做一次钓鱼野营，在那里待好几天。但这个昂贵的计划会花光他们所有的钱，全家人不得不进行表决，以决定是否要去。最后大多数人决定去，结果他们真的花光了所有的钱，不得不在布莱克山做短暂停留以后便立刻打道回府。

沃尔顿带着孩子到处旅行，自己也逛遍了全世界的商店，从中得到许多了不起的点子。沃尔顿和海伦总把孩子们拉入商业活动中，并从一开始就让他们接受正确的信息。

但是，沃尔顿夫妇从不迫使孩子们做他们不愿做的事。沃尔顿喜欢让孩子们参与商业活动，但告诉他们："你们必须要像我一样努力地干活，必须有将来成为生意人的决心。"

罗布进了法律学院，毕业后成了沃尔玛公司第一位律师。他为公司在社会上扩大影响做了大量的工作，在担任领导岗位和董事会成员之后，参与了公司的上层管理。

吉姆学了许多房地产知识，并从他巴德叔叔那里学到了谈判的艺术。当巴德从选择新店开设地点的工作中摆脱出来后，吉姆接管了过来。他确实很擅长经营，骑着自行车，飞快地穿过大街小巷，寻找好的店址。当时人们还弄不清这个年轻人是谁。

此外，沃尔玛在几个城镇都开设了银行。吉姆和一个合伙人买下一家地方报纸《每日记事报》。在沃尔玛商店上市前需要有个地方能廉价印刷宣传品，所以沃尔顿买下了这家报社。

艾丽斯和约翰也都在沃尔玛做过一阵子，但后来都出去开办了自己独立的事业。艾丽斯拥有了自己的一家投资公司——利亚马公司，位于费那特维尔之南。在某些方面，她更像沃尔顿，甚至比沃尔顿更加完善。

约翰曾在越战时期美军驻越南的绿贝雷帽特种部队中当过医务兵，是沃尔玛公司的第二位飞行员。

约翰有一次要求沃尔顿允许他去爬布法罗里弗对岸的峭壁，沃尔顿鼓励约翰说："你如果觉得自己已长大了，可以去攀那山崖的话，那你就去攀吧！"这是对一个12岁的孩子的判断力的一种令人兴奋的挑战和对他的自信心的强烈鼓舞。

后来，当约翰真的长大了，并试图在世上寻找一种适合于自己行为方式的工作的时候，沃尔顿公开邀请约翰加入沃尔玛公司，但从未暗中施加压力。

约翰是4个子女中最有个性的，也是唯一不与全家一块儿住在阿肯色州的人，他个性极强。他成家之后住在西部，在那里他设计并制造帆船，也经营一家规模不小的播撒农药的公司，该公司隶属于沃尔顿企业公司。

当沃尔顿成了全美国商业界首富的时候，海伦却为此大为生气。她说："我最痛恨的是成为好奇的对象。人们对任何事都很好奇，而我们一家正好成为公众议论的话题。当我一想到这点，就非常生气。我的意思是恨之入骨。"

沃尔顿无奈地对海伦说："当然，海伦，我想你是对的。但我想，引起我们混乱的主要原因是我们不愿使我们的家庭成为向社会半公开化的家庭，我们喜欢尽兴地做自己想做的事。"

沃尔顿也的确时时担心沃尔顿家族的子孙后代。

他说：

> 诚然，要期望他们都能去送报，都能自力更生是不现实的，我管不了那么多。但是我决不愿亲眼看到我的子孙

后代堕落成游手好闲、庸庸碌碌之辈。

我真心希望我和海伦及孩子们的价值观能一代代传下去。即使将来，沃尔顿家的人无须从早到晚地工作，不必整天站在收银台前忙碌，我也希望他们会有做些有建设性和有用的工作的愿望，勇于向生活挑战。

也许沃尔顿的后代应考虑是否要深入研究医学问题，钻研防治癌症的方法；或考虑如何将文化教育普及到下层社会的新方案；或成为促进第三世界自由事业的传教士。或许会有另一个沃尔顿零售商正在酝酿着一鸣惊人的事业。

退居幕后欲罢不能

1974年底,56岁的沃尔顿对所取得的成就很满意。

沃尔玛建立了一个大规模的地区性折价商店联号,在8个州有近100家商店,销售额近1.7亿美元,利润600多万美元。股票已在纽约证券交易所上市。现在,每个人都分享到利润,整个公司的发展跃上了新台阶。

华尔街对沃尔顿及沃尔玛其他管理人员予以高度评价。同时,沃尔顿还清了所有的债务,孩子已经大学毕业,开始他们自己的生活。沃尔顿真的对生活似乎无所企盼了。

虽然沃尔玛公司这些年来占据了沃尔顿大部分的精力,但他始终没有放弃自己的其他爱好,主要是打鹌鹑和打网球,而且还时常参加竞赛。

沃尔顿喜欢网球而不喜爱打高尔夫球,他总觉得高尔夫球过于休闲和费时,而且又不像网球那样富有对抗性。

在军队服役期间,有一次他与他们的上校和几个军官外出打高尔夫球。沃尔顿把球打进了树林里。他气疯了,把球棒朝树上砸去，结果球棒折断了。回家后，沃尔顿把球棒扔了，对海伦说："我受够了高尔夫球。"从此以后，大多数时间他只打网球。

不管沃尔顿开着飞机到哪儿旅行巡视，他总带上网球拍，每到一个城镇，都要与朋友们打网球。他尤其喜欢在中午太阳晒得最凶的时候打网球，而且他总是攻势逼人。

乔治·比林斯利是跟沃尔顿打网球最多的伙伴，大约有10年时间，他们俩通常在沃尔顿家中球场选择正午打网球。

乔治说："我想萨姆之所以选择午餐时间打网球，是因为他不希望任何员工为了打球而离开工作岗位。在球场上，他是最棒的运动员。他悉心研究对手的比赛，了解我们和他自己的长处和弱点。如果你给萨姆一个飞手球，他就会以一记斜线扣杀得分。"

沃尔顿喜欢网球这项运动，他从不轻易给对手得分的机会，也从不认输，但他是公正的。他说："网球规则、商业规则，乃至人生的规则都是相同的，我遵循这些规则。"

因此，沃尔顿输赢都不失风度。如果输了，他会说："我今天输了，你打得太棒了。"

如果沃尔顿外出旅行，为了安排打网球，他一下飞机就会给公司的航空部门打无线电话，让他们立刻打电话给副总经理洛雷塔·博斯·帕克。

洛雷塔接到电话后，会给沃尔顿找一个对手，然后他中午就能打网球了。因此洛雷塔被公司的人们戏称为"网球副总经理"。

但在公司之外，沃尔顿的更大爱好一直是打鹌鹑。这也许是一项最令他痴迷的活动，以致在早期把它作为促进生意的方法之一。

沃尔顿起初并不常打鹌鹑，直至遇见海伦的父亲——他是一个酷爱这项活动的人。每次沃尔顿去克莱莫尔，他都喜欢同岳父或海伦的弟弟弗兰克和尼克一起到郊外去打猎。沃尔顿和岳父的枪法比别人好得多，他们每次都会好好较量一番。

其实，本顿维尔之所以吸引沃尔顿，是因为那儿四季都可以打鹌鹑。在狩猎季节，他几乎每天下午2时左右就外出打猎几小时。他把自己的狗牵进打猎专用的旧车，然后出发到某个农场或牧场。事先要去征求农场主人的允许，送给他一盒商店的巧克力樱桃；或者，事后给他点儿打到的猎物。

多年来，沃尔顿已经踏遍了本顿维尔附近所有的山丘和谷地。

即使沃尔顿已经65岁的时候，约翰与他出去打猎，还得拼命追赶父亲的步伐。约翰喜欢轻松自如地慢慢走，享受野外的风光。但当他抬头看时，沃尔顿早已无影无踪了。

约翰说："父亲打猎就像谢尔曼进军佐治亚州一样。"

当沃尔顿请求别人允许他打猎时，他总是介绍自己："您好，我是本顿维尔广场的沃尔顿杂货店的萨姆·沃尔顿。"

后来沃尔顿发现，这其实对他的生意大有好处。当这些农民到镇上来买东西时，他们自然愿意和到他们土地上去打猎并带给他们糖果的人做生意。

随着公司的不断扩张，沃尔顿乘飞机的机会更多了，于是他便把狗也带到飞机上，在视察各地商店的间隙去打猎。

罗伊是沃尔顿的爱犬，员工和顾客们很乐意在商店里与它逗乐；有一次，员工们恶作剧般把罗伊的名字和画像印在狗食的标签上，结果竟十分畅销。

沃尔顿喜欢罗伊，还因为它与网球有不解之缘。它会随沃尔顿一起去网球场，然后趴在那儿；一旦球出了球场，飞过篱笆，或不管落到哪儿，它都会追上去把球捡回来。

打猎中与狗的协作以及对它们的训练让沃尔顿乐此不疲。他得意地向人们宣告他的秘密："你得与它们成为好伙伴，你必须奖励它们，它们当然也得好好干。"

沃尔顿还有一只爱犬叫乔治，有一次他跟同伴们一块儿打猎，沃尔顿对朋友说："我觉得乔治挺不错的，它一直在追逐猎物。它伸出鼻子嗅着，不停地来回跑。它似乎胸有成竹，至少看上去像那么回事儿。它成了别的狗的后盾。跟我在一起的狗必须有点儿本事。"

说着，沃尔顿抬起头喊道："乔治！上我这儿来！子弹会打中你屁股的！"

沃尔顿一直为能训练自己的狗而自豪。他从来没有驯狗师，他喜欢挑出普通的小猎犬，对它们加以训练。

沃尔顿喜欢在各种季节到户外去。他经常说："当我置身于野外时，我把沃尔玛公司或自己的一切事务都抛到脑后，只想着下一拨鸟儿会在哪儿出现。"

沃尔顿和巴德也非常喜欢到得克萨斯州打鹌鹑。他们在得克萨斯州南部各租了一个牧场。沃尔顿的牧场十分简朴，而巴德的就高档多了，还有个游泳池。

沃尔顿将他狩猎的房子称为坎普·查波特，那是一组样子破旧的拖车式活动房屋。这不是南部贵族们的那种狩猎方式，沃尔顿称其为"南佐治亚猎鹌鹑小屋"。

坎普·查波特可谓普通之极。如果有人造访这儿，主人会递给他毛巾，指给他看拖车上的一个床位，并解释说："如果听见天花板上的嘈杂声，你不要担心，那不过是老鼠。"

这一年，沃尔顿太渴望留给自己多一些闲暇时间了，所以他把公司的事放心地安排给罗恩·迈耶和弗罗尔德·阿伦两位执行副总裁及其他人，自己则出外旅行或探察各处的沃尔玛商店。

费罗尔德比罗恩大5岁，由他负责商品经营，而罗恩负责财务和分配。但这样长期下去，沃尔玛却渐渐地分成了两派：一个是忠于费罗尔德的老一派，包括许多商店经理；而新一派中许多人的工作都是罗恩给予的。

很快，每个人都表明立场，或者站在罗恩一边，或者站在费罗尔德一边，而这两人却水火不相容。

在沃尔玛开始大规模扩展商店时，费罗尔德确实在公司的组织方面作出了重大贡献，但由于公司所需的技术和复杂的系统，当时沃尔顿心中的确感到罗恩对公司的未来是绝对关键的。他不但有才干，而且很有抱负。

有一天，罗恩找到沃尔顿说："萨姆，如果我不能管理我们的公司，那我只有辞职，去另一家公司。"

沃尔顿为此苦恼了好多日子，他真的担心会失去罗恩。于是他说："我已经老了，而我们可以在一起合作。我就让你当董事长和总裁吧，我该退居二线，放松一下自己了。当然，我会继续视察商店的。"

就这样，沃尔顿成了沃尔玛公司的执行委员会主席，罗恩成了公司董事长兼总裁，费罗尔德成了总经理。

沃尔顿搬出了自己的办公室，罗恩取代了他的位置。当时，沃尔顿决心不加干预，让罗恩独立经营公司，自己只是核查他的工作情况。

虽然沃尔顿退居幕后，用更多时间来休假，但他相信在罗恩眼里，自己根本就没有放手过。

沃尔顿试图对罗恩不加干涉,希望罗恩能成功地管理公司,建立良好的组织。但是他仍然希望看到自己的想法继续在全公司发挥作用。这么做,事实上仍然无法使沃尔顿摆脱对公司的干预。这种状况使罗恩左右为难。

由于"派系之争",使公司分裂成新旧两大阵营,许多新来的年轻人站在罗恩一边,而老的商店经理则支持费罗尔德。公司内部钩心斗角,经营商店和关心员工这一头等大事被抛在一旁。大多数地区经理在星期六早晨聚到一起或互通电话,都觉得情况越来越糟。

这种情况让沃尔顿十分焦虑,他不得不更加留意每个人。他开始在办公室里待更长的时间,显得非常紧张。

沃尔顿想:"这绝不是沃尔玛公司管理不当的问题。这不过是一些快要退休但却不想离开的一些老经理、老功臣与一个拥有自己雄心勃勃主张的年轻人之间的争执而已。"

沃尔顿对这一切忧心忡忡。他本来很少因为公司的问题而夜不成寐,但这次却失眠了。当他发现事情正在变得越来越糟糕时,他采取了对策。

沃尔顿不想让罗恩失望,不想失去他。但公司的确误入歧途了。因此,在放弃董事长之位30个月之后,1976年6月的一个星期六,沃尔顿终于把罗恩找来,对他说:"罗恩,我应当对自己酿成的这一糟糕状况负大部分责任。我以为我已经做好了撒手不管的准备,但看来其实还没有。我的确管得太多了,让你觉得碍手碍脚。但我的确也认为你有些事情没有处理好。我对你手下人的做事技巧感到担忧,而且我感到派系之争已经侵害到商店的经营管理。而且我也对一些所谓个人风格问题深感不快,虽然在多数公司中这些现象并不鲜见，但它们毕竟不同于沃尔玛公司的一贯行事风格。我打算重新担任董事长和总裁，让你担任副董事长和财务总管。"

沃尔顿的提议令罗恩不快。罗恩希望管理公司，当他无法实现这一愿望时，他决定离去。

沃尔顿不想失去罗恩，仍竭力说服他留下："罗恩，我们会想念你，我们需要你，而且我认为没有你我们会损失很多。"

罗恩十分失望，也非常不快，但他对沃尔顿说："萨姆，我知道你会认为事情变得很糟糕，许多人也会有同感。但你拥有如此强大的组织、商店的员工和经理们，顾客们又那么忠实于你，公司又有如此正确的经营思想作指导，我认为你会沿着正确的路走下去的。"

沃尔顿无奈地说："罗恩，我感谢你对我们所表示的信心。我知道你不是信口开河，我永远不会忘记你的话。"

该事件在公司的传闻中被称为"周六夜的屠杀"。随后发生的事被称为"大出走"。罗恩阵营中的一群高级经理都随之而去。这的确是一股大规模的离职风，当这股风潮结束时，高级管理层中走了1/3的人。

华尔街的许多人立即得出结论："沃尔玛大势已去，因为他们的管理层是一盘散沙。"

但是，他们忽略了沃尔玛的基础，即公司的基本原则：降低成本，教导员工关心他们的顾客，清除他们队伍中的差劲者。

在整个骚乱过程中，杰克·休梅克这个年轻人对公司作出了重大贡献，他勇敢地站出来表示继续为沃尔玛效力。沃尔顿发现，杰克正是把沃尔玛公司拉回正道的合适人选，于是任命他为经营、人事和商品部执行副总经理。

不过在沃尔顿的经历中，多数挫折可以转化为机会。

自从沃尔顿与戴维·格拉斯在阿肯色州哈里森相遇后，他就相信戴维·格拉斯是自己遇见的最好的零售业天才之一。所以，当罗恩离开后，沃尔顿说服戴维加入了沃尔玛公司。

这样，由杰克·休梅克管理经营和商品，戴维·格拉斯管理财务和分销，沃尔玛就拥有了零售业中的两位年轻的佼佼者。

这两个人个性虽然完全不同，但他们都才智过人。在面临困境的情况下，所有人都齐心协力。沃尔玛公司很快又恢复了以前的生机。戴维·格拉斯几乎立即使公司兴旺起来。

如果把罗恩称为沃尔玛原来的分销系统的设计师，那戴维·格拉斯在分销方面比罗恩要干得出色得多，而且，戴维在调整和改进公司的会计制度方面也表现得异常出色。

此外，戴维不仅是个了不起的财务总管，还是个相当不错的人际关系专家。他的新队伍比原来的那支显得更有才干，对手头的工作更得心应手。

"在我们最需要的时候，拥有合适的人干着合适的工作。"这一直是沃尔玛历史的标志。

杰克·休梅克这位具有商店经理之才的优秀而大胆的管理者，使沃尔玛摆脱了许多陈规旧习，吸收了新思维；戴维·格拉斯，受命于危难之际，却沉着冷静。这两位新的商界天才终于使沃尔玛这个庞大而难以调控的公司恢复了正常秩序。

沃尔顿还用了近20年时间来说服唐·索德奎斯特离开本·富兰克林公司来到沃尔玛。他甚至一度以总经理的职位许诺唐。后来，唐终于在沃尔玛最需要的时候加盟进来，在戴维手下担任业务总管，而且干得非常出色。

在风波平息之后，沃尔顿总结这件事的时候说："在任何公司内，有些人即使作出了重大贡献，但仍有需要离开的时候。有时别人指责我挑起他人之间的争斗，但我并不以为然。我总是要手下人相互交流，让他们在公司中担任不同的职位，这么做不时会伤害一些自尊心很强的人。

"但我认为每个人都应尽可能接触公司的各个领域，而最好的管理人员正是那些接触过所有基础部门，对公司具有良好的整体概念的人。我不愿意看到公司内的竞争演变成个人恩怨，看到我的人不再齐心协力地一起工作。我要对他说，收起你的雄心，帮助公司内任何你能帮助的人。我们应当拧成一股绳。"

打造快乐的公司文化

在沃尔玛公司成长过程中,沃尔顿逐步建立起来的企业文化是无与伦比的。凯马特商店创始人哈里·坎宁安称沃尔顿是"本世纪最伟大的商人"。

1975年,沃尔顿和海伦去韩国和日本旅游,他们先去看了一家位于汉城以东的网球厂。这家公司和沃尔玛有生意往来,因此他们对沃尔顿夫妇招待得很周到。

海伦偷偷地对沃尔顿说:"萨姆,这是我一生中所见过的最脏的地方。"

但沃尔顿却表现出浓厚的兴趣。因为他在那儿第一次看见一群工人们一清早一起做健身操、呼喊公司的口号。他马上喜欢上了这个主意,于是急不可耐地想回去,在商店和星期六早晨的会议中推行这一做法。

于是,星期六一清早,沃尔玛公司自沃尔顿到普通的员工一起做起阿肯色州大学的拉拉队的队操,口号声此起彼伏:"嗬、嗬、嗬,起来吧,猪猡们!""嗬、嗬、嗬……"

这是沃尔顿在周六早晨 7 时 30 分聚集几百个管理人员、经理和员工来讨论业务，并且由他带头呼叫鼓劲的口号来开始会议。

在巡视商店时，沃尔顿带着大家喊的是另一种口号："一个沃！一个尔！一个玛！那是什么？沃尔玛！谁是上帝？顾客！"

多数公司没有口号，即使有，多数董事长也不会带头呼喊。

迈克·约翰逊这个有趣的人担任安全主任时，在一个星期六早上组织了一场无任何规则的吐柿籽娱乐比赛，公司的总顾问罗伯特·罗兹成了游戏中的目标。

另外，沃尔玛公司还有被称为"卡车司机合唱团"的福音乐团，以及称为"吉米·沃克和会计师"的管理人员合唱团。

沃尔顿理解公司的工作是非常辛苦的，所以他要求属下："我们不必整天绷着脸，一副表情严肃、心事重重的样子。"

在沃尔玛公司，如果谁有重要的业务问题，就可以在星期五或星期六早上的会议中公开提出来，以便大家集思广益，一起来解决。但会议气氛是轻松愉快的。这就是所谓"工作时吹口哨"的哲学。

这么做，不仅令人身心愉快，而且工作起来也会更有效率。

沃尔顿说："我们创造活力和激情。我们之所以能牢牢吸引同仁的注意力和兴趣，正是因为他们从不知道接着将发生什么事。我们打破障碍，使彼此的交流更加融洽。我们使大家感到自己是一个大家庭的一部分，在这儿没有谁高人一等，或者因为有带头喊口号的权利而自鸣得意，或者是被嘲笑的对象。"说到这里，他看着罗伯特·罗兹，笑着继续说："或者成为吐柿籽比赛中的目标。"

大家听了，都哈哈大笑起来。罗伯特·罗兹自己也笑出了眼泪。

1984年,沃尔顿有一次打赌输给了戴维·格拉斯,按照打赌规定,沃尔顿得穿上草裙在华尔街上跳草裙舞。

沃尔顿想:"在我跳舞的时候,戴维这个家伙一定会在一旁拍下录像,然后在星期六早晨的会议上向所有人炫耀。但这可以证明我没有食言。"

但当沃尔顿赶到那儿时,却发现戴维雇来了一卡车真的草裙舞演员和四弦琴演奏者,而且他还通知了报界和电视网。

这下可麻烦了,因为警察不许他们在街上跳舞,而舞蹈者工会也因为天气太冷不允许那些演员在没有取暖装置的环境下跳舞。

经过努力,最后说服了美林证券公司的老板,在他公司的台阶上跳舞。沃尔顿穿着草裙和夏威夷衫,戴着花环,跳起了自认为还不算太蹩脚的草裙舞。

这幅画面太奇特了,它一夜之间便传遍了各地——来自阿肯色州的一位疯疯癫癫的董事长穿着一身滑稽的装束跳舞!

虽然沃尔顿对此事略显尴尬,但与同狗熊摔跤相比,跳草裙舞根本算不了什么。得克萨斯州帕勒斯坦的仓库经理鲍勃·施奈德就被迫这么做过,因为他与同事打赌,说他们不可能打破生产纪录,结果却输了。

多数人也许会认为,沃尔玛有一个行事癫狂的董事长,喜欢玩弄一些粗俗的宣传噱头。但是他们不知道,这类事在沃尔玛公司寻常得很。它是公司文化的一部分,已经融入了他们的生活。

无论是周六早晨的会议,还是股东大会,或商店开业典礼,或平常的日子,他们总是尽量使生活变得意趣盎然,使沃尔玛公司成为快乐之地。他们经常做出些异想天开的事,以吸引大家的注意力,并引导人们的奇思妙想。

沃尔顿希望看到经理们在商店中想出既取悦于顾客又让员工们高兴的点子。他说:"如果你坚信沃尔玛公司的合伙关系及其核心价值,那么这种文化就会鼓励你想出各种新点子来打破陈规陋习和千篇一律。"

对人们说他行为古怪、相当粗俗或矫揉造作,沃尔顿却毫不在乎,公司里的人也都见怪不怪。

1987年,副总经理查利·塞尔夫在一次星期六早晨的会议中与人打赌,认为12月份的销售额不会超过13亿美元,结果却输了。第二天,他只好穿着粉红色紧身衣,戴着长长的棕色假发,骑着一匹白马绕本顿维尔镇广场奔跑,那是有点儿滑稽。

另一件奇特的事是,早已退休的前管理人员罗恩·洛夫莱斯每年都会出席公司的年终会议,并递交他的"年度洛夫莱斯经济指标报告"。该报告根据路边所发现的可食用的死鸡数目推测次年的经济状况,还附有图表和详细的统计资料。

萨姆俱乐部成员在一次销售竞赛会议上,竟然送给总经理戴维一头猪。他们告诉他,本来打算给他一张猪皮,但大家讨论后却决定,为什么不干脆给他一头猪呢?

此外,还让戴维总经理在哈里森商店接受《幸福》杂志采访时穿上工服,戴上草帽,骑着驴在停车场上兜风呢!他对记者讲述了该商店1964年开张时到处是驴子和西瓜的混乱状况。

在小镇上创业之时,沃尔顿就试图在商店中创造一种欢娱的气氛。因为小镇的生活相当乏味,缺少娱乐,难得能找到比去沃尔玛更有趣的事。他们举行户外大拍卖,在停车场雇来乐队和马戏团,吸引人们的光顾。

他们还设计出异想天开的赠奖活动,把各种奖项名称写在纸片上，从商店屋顶撒下来，同时还放彩球助兴。在正式营业结束之后举行"月光疯狂大拍卖",一直持续到午夜,其间每隔几分钟就会有新交易达成。

他们还推出购物手推车博彩游戏,规定每辆购物手推车有一个号码,如果喊到你的号码,那么你的手推车中的任何东西都可得到折扣。

有时,在商店开业时,员工们站在服务台前,把盒装饼干送给从最远处赶来的顾客。

2月22日是美国第一任总统乔治·华盛顿的诞辰。

菲尔·格林借机登了一则广告,说他的费那特维尔商店将出售一台22美分的电视机,以纪念这位国父,激发人们的消费热情。唯一的条件是,菲尔把电视藏在店内某处,在购买该电视机前,你必须先找到它;谁先找到,谁就拥有它。

当菲尔那天早晨来到商店时,发现商店前人山人海,连店门也看不到。大概所有费那特维尔的人都来了,其中许多人已经等了一个通宵,员工们只能从后门进去。

当前门最终打开时,人们一拥而入,五六百人为了寻找那台22美分的电视机,把商店翻了个底朝天。那天的生意好得惊人,但整个商店实在混乱不堪。

事后菲尔不得不承认:"这种捉迷藏式的购物法的确太可怕了!"

公司规模在逐步发展,但沃尔顿始终坚持商店保持轻松愉快的气氛。

内布拉斯加州的费尔伯里商店有一支"标准购物手推车操列队",参加当地的花车游行。所有队员均穿戴沃尔玛公司的制服,推着手推车按固定的程式不时地变换队形。

佐治亚州的锡达敦商店为给慈善事业捐资举行了一次吻猪比赛。他们摆出许多贴有各个经理名字的坛子，获得捐赠最多的坛子的经理必须吻一头猪。

佐治亚州的菲茨杰拉德商店的7位员工，装扮成生长在佐治亚州南部的水果和蔬菜，乘彩车参加了欧文郡的"甜土豆游行"，并赢得了头奖。在他们经过裁判席时，这些本地的"水果和蔬菜"呼喊起沃尔玛的口号。

沃尔玛的繁荣得益于许多美国小城镇的传统，尤其是带行进乐队的游行、带头呼口号、操列队和彩车。多数人都是在这种环境下成长起来的。沃尔顿发现，当一个人成年并开始工作后，反而会觉得这些活动更有趣了。大家都喜爱各种类型的比赛，他们可以为一切事情成天举行比赛。

同时还有一些传统节日，那时商店中的每个人都会穿起戏装。有一天，俄克拉荷马的何德莫尔商店在店前堆起干草，在其中藏入了36美元的硬币，并让孩子们钻进去找。

很多沃尔玛商店常举行女性时装表演，但却以又老又丑的男人做模特儿。

此外，沃尔玛还举行月亮馅饼竞吃世界锦标赛。

月亮馅饼比赛始于1985年。当时，亚拉巴马州奥尼昂塔商店的经理助理约翰·洛夫订购了比他原来打算订购的多四五倍的月亮馅饼，他发现自己陷入了馅饼的包围之中。

绝望之余，约翰灵机一动：何不举行一次月亮馅饼竞吃大赛，以免这些馅饼白白放着变霉。

于是，在10月的第二个星期六，月亮馅饼大赛就在奥尼昂塔商店的停车场举行了。它吸引了来自许多州的观众，还登了报，上了电视，并传播到全球各地。谁会想到这也会流行起来，后来竟然成了一年一度的固定活动。

也许有人会说："这太粗俗了！"但是，当人们聚在一起干这类蠢事时，它对于鼓舞士气的作用的确匪夷所思。

沃尔顿很鼓励这样的活动，他说："是的，就这样干吧伙计们。我们没有理由不让自己快乐起来。让那些妄自尊大、自命不凡的人见鬼去吧，他们那是自作自受。"

星期六早晨的会议，其实正是沃尔玛文化的核心。沃尔顿为此解释说："如果没有那些娱乐和出人意料的事，怎么可能让本顿维尔总部的大多数经理和部分员工每个星期六早晨起来，笑容满面地来参加会议呢？如果只是让他们听某个人单调冗长地报一些比较数据，然后是一个关于业务问题的严肃的讲话，还能使会议气氛活跃吗？绝不可能。"

但是，星期六早晨的会议是与业务密切相关的，他们并不只是为了娱乐才一大早起来赶到那儿相聚，其目的是让每个人知道公司的其他人在干什么。会在商店员工中寻找销售英雄，并把他们召到本顿维尔来，在会上公开表扬他们。

在会议上，不仅能听到好的一面，还要讨论一些公司的薄弱环节，还有哪些方面达不到要求是什么原因等等。

沃尔顿说："我喜欢大家提出问题，然后集思广益，想出纠正的办法。如果我们的确发现了存在的问题，而解决办法又很明显，那么我们在周末就可采取更改措施，而此时其他零售业的人士却在休息。"

沃尔顿喜欢读一些业务管理方面的文章，两位管理人员韦斯利·赖特和科隆·沃什伯恩喜欢读一切有关管理的文献，而且常常把一些有用的文章或书籍拿给沃尔顿看。

在星期六早晨的会上，大家也谈论竞争对手，会花10分钟讨论沃尔玛公司该如何去击败那些对手。不是一哄而起地把计划否定掉，而是设法找出可行性。

星期六早晨的会议最吸引人之处就在于你完全不知道将发生什么。有时候有些人没有做好工作，虽然他们不会当众受到责罚，但却会受到温和的批评，或者得到某种形式的忠告。

有一次，阿尔·迈尔斯尖刻地控告了公司的另一个部门，沃尔顿当着所有人的面对阿尔·迈尔斯说："阿尔，你应当停下来，把要说的话想一想，然后再发言。"

事后，阿尔意识到当时在那样的场合自己这么做是不妥当的。他接受了沃尔顿的忠告，从此开始注意自己的措辞。

还有一次，沃尔顿决定让阿尔·迈尔斯在3周后的会议上站在众人面前唱歌曲《红河谷》。

阿尔红着脸说："可是，我连一个音也唱不准。"

但沃尔顿却很重视此事，每个星期都要提醒阿尔·迈尔斯："阿尔，歌曲准备得怎么样了？要加紧练啊！"

阿尔·迈尔斯为此不得不拉了一帮人来演唱，以便没人能发现他在滥竽充数。

这些会议组织得非常有趣，大多数人从不因任何理由错过星期六早晨的会议。沃尔顿知道什么时候让它严肃些，什么时候让它活泼些。虽然会议有时很民主，有时又显得很专制。

沃尔顿为使会议卓有成效，可谓煞费苦心。他总是让它带有不可预知性，他不打算把一切都计划好，希望顺其自然。

有时沃尔顿会请来一位与沃尔玛有生意往来的公司的经理一起参加会议。沃尔玛有许多客人,而大家不知道谁将参加会议。他可能来自一家默默无闻但却富有创见的小企业,也可能是像通用电气公司总裁杰克·韦尔奇那样的大人物。

另外,沃尔顿还想让会议带有某种演出性质,所以请来的客人可能是喜剧演员乔纳森·温特斯,他推销沃尔玛的街头零售产品,并且已经多次来过公司,他每次都把大伙儿逗得前仰后合。

有一次,沃尔顿还举行了一场模拟拳击赛,对手是自己和休格·雷·伦纳德。他们为此邀请了许多运动员来参加,包括NBA明星西德尼·蒙克里夫,他是阿肯色州大学的前校队队员,是沃尔顿最喜爱的球手之一。还有弗兰·塔肯顿,全国橄榄球协会的前四分卫,他经常作一些鼓舞人心的演讲,也在会上发了言。

星期六会议的真正价值之一是其自发性,实际上从来没有议事日程。虽然沃尔顿总是随身带着他的黄色笔记簿,上面潦草地记着他想讨论的事,但他总是在会议开始之前点到某人说:"好吧,今天你主持整个会议。"

这样,会议总给人们带来某种期望:或许会发生一些不同寻常的事,或许某人会作出一些意想不到的举动。

星期六会议曾遭到过许多异议,海伦就曾经说过:"萨姆,我认为在星期六早晨让大家离开家人是不公平的。"

但沃尔顿却说:"我认为星期六的工作是选择零售职业所必须付出代价的一部分。要求我们的员工待在商店里作出牺牲,而我们经理人员却放假打高尔夫,这怎么能行呢?"

局外人很少能参加沃尔玛的星期六会议。因此,人们最能洞察沃尔玛公司文化,目睹真实的沃尔玛公司人际关系的场所,是沃尔玛的年度股东大会。

从一开始,沃尔顿就试图给分析师们一种耳目一新的感受:让他们乘彩车游行,在户外露营。后来,由于规模太大已经发展到10000多名股东和客人,沃尔玛公司就在阿肯色州大学的大篮球场举行会议。

股东年会可以说是星期六会议的一个更大翻版。参加者中有专业演员,如流行乡村乐歌手里巴·麦肯泰尔,还有特邀演讲者。在向股东的报告中,重点陈述公司在过去一年中所取得的成就,以及来年的目标和计划。

但真正使会议与众不同的,是让自己员工参与的程度,而这些员工终究是公司最重要的股东中的一部分。沃尔玛总是让尽可能多的商店经理和员工参加年会,让他们看到公司的全貌,使之心中有数。

沃尔顿说:"相对于股东而言,我们更看重那些尽心尽职、年复一年地不断创造惊人的投资回报的员工。"

星期五早晨7时左右,先召集员工喊口号、唱歌、起哄,向退休者致敬。招来那些销售额最高的部门的经理,表扬那些取得全公司范围最高销售额的部门经理;也叫来获得最佳驾驶纪录从而赢得安全奖的卡车司机,向他们表示敬意;向店面陈设最富创意,以及在业务竞赛中获胜的员工鼓掌致谢。

接下来,沃尔顿和海伦邀请所有出席会议的大约2500名员工到自己家里举行野餐会,食物由沃尔玛餐馆提供。这使公司管理人员有机会与许多员工聊天,他们多半都是各个商店的负责人,被推选来参加会议的。

虽然人又多又杂,沃尔顿仍然找机会询问他们:"伊利诺伊州的利奇菲尔德商店现在怎样?""你们密苏里州布兰森商店的经理怎么样?"这样,他就可以不用到处去走,而从他们的热情程度了解到某个商店的经营状况。而一旦听到某些不好的消息,沃尔顿就可能在随后的一两个星期内去那里巡视一下。

整个活动结束后,被邀请的员工将会看到会议录像,而未参加会议的员工也将分享这一切。在公司的报纸《沃尔玛世界》上将刊登关于会议的详细报道,使每个人都有机会了解会议的真实情况。

沃尔顿说:"我们希望这种会议能使我们团结得更紧密,使大家亲如一家,为共同的利益而奋斗。"

在公司发展的每一时刻,沃尔顿都强行实施变革。他说:"沃尔玛固有文化的最大特点就是它的果断的革故鼎新能力。"

沃尔顿时时意识到,随着更复杂需求的出现,比如技术、金融、营销、法律诸方面,对更高级人才的需求也日益迫切,公司要想取得长远的发展,就得吸收大学文化程度的人。

所有这些都要求思维方式作出某些根本性的变化,对一系列问题进行反思,如现有人员的素质,雇用何种人才最适合沃尔玛公司未来发展的需要,等等。

为此,沃尔顿和海伦在史密斯堡的阿肯色州大学建立了沃尔顿研究院。在这里,经理们可以获得一些他们早先可能没有的教育机会,获得大学学位,获得最佳的培训。这为他们的职业生涯开创了新机会,也给沃尔玛公司本身带来益处。

宣扬顾客至上理念

有一天,沃尔顿给自己的员工讲了这样一个故事。

一位旅客对服务员说:"这是我第一次来这个城市,明天想去医院,可以麻烦你给我买一张地图吗?"

服务员说:"当然可以了。请你稍等一下,我马上拿给你。"

过了一会儿,服务员拿来一张地图,微笑着说:"我们这个城市的交通线路比较复杂,我给您说说比较方便的行走路线,好吗?"

这位旅客听了之后当然高兴了。于是,服务员将地图摊放在桌子上,先用铅笔画出酒店所在的位置,再标出客人想去的地方,然后告诉他哪几路公交车可以到达,并且建议他走一条比较远的路,因为近路红灯多,塞车多;远路比较通畅,反而较少红灯。

第二天,这位旅客按照服务员所指点的路线坐车,果然非常顺利。办完事情后,他特意从另一条近路返回,果然一路红灯不断,多花了将近一个小时。

从这个故事中沃尔顿和他的员工得出了一个结论:做事要超过别人的期望。这是一条很重要的经商和服务经验。

沃尔顿深深懂得，任何企业的存在都离不开顾客。他一直奉行的信条是，让顾客成为所有工作和努力的中心。另外，在为沃尔玛公司的顾客提供完美服务的过程中，他也会以特殊的，在美国企业中几乎是无可匹敌的方式服务于沃尔玛公司的员工、合伙人、社区及其他股东。

沃尔顿一直强调一个原则："商品零售成功的秘诀是满足顾客的要求。顾客们要求商店商品品种繁多、质量优良、价格低廉，提供保证客户满意、友善和在行的服务、方便的购物时间、免费停车场、愉快的购物环境。当顾客来到一家比他期望更好的商店时，他当然就会喜欢它；如果一家商店让顾客不便或不快，他就会讨厌它。"

沃尔顿的一生几乎都是在小镇上度过的，正是在这些小镇上他懂得了这些道理。那些与他有相同经历的人，都不会忘记早期小镇生活的与众不同之处。

纽波特是一个相当繁荣的小镇，其零售业的竞争也相当激烈，但它仍然相当具有代表性。它是一个棉花集散地，许多到镇上购物的人实际上就居住在镇外的农场里。

多数男人整天在田里干活，妇女则多半操持家务。那个时候妇女除了战争时期，很少有工作。当她们把家务料理得井井有条并感到精力依然绰绰有余时，就开始考虑外出工作。

当时纽波特有几个小百货商店，有一家彭尼商店和沃尔顿开办的伊格尔商店；有几个不错的杂货商店，包括沃尔顿的和约翰·邓纳姆的斯特林商店；另外还有药店、五金商店、汽车及轮胎商店以及小型的家用食品杂货店。在许多小镇中，甚至找不到商品品种齐全的商店。有的商店可能专卖猪肉，或新鲜蔬菜，或者提供立等可取的小包装加工服务。

那时候的人们还不大习惯琳琅满目的商品以及周到的服务。在大萧条时期,很少有人有足够的钱可以经常逛商店;而第二次世界大战时期,所有东西都实行配给制。

但在沃尔顿开始创业时,物资短缺状况已大为改观,经济正逐步活跃起来。人们告别了大萧条,繁荣时期到来了。

在像纽波特这样的集市型的镇子中,星期六总是购物的大日子。那天一家人开车到镇上,花上几个小时或者一整天逛逛所有商店,寻找自己所需的物品。有些东西会特别吸引他们到某家商店购物,比如店主的个性、商品的时尚、价格等,或是冰激凌机。而沃尔玛就是在那种竞争环境下发展壮大的。

1950年,沃尔顿来到本顿维尔镇时,几乎看不到一点儿竞争气氛。几个零售商店散布于广场周围,每家都经营着自己的特殊商品,彼此相安无事。如果顾客在商店内找不到想要的东西,他就会开车去罗杰斯、斯普林代尔,或者可能会去费那特维尔。

但在沃尔顿把纽波特的一套搬用过来以后,传统的思维方式开始改变,小镇的气氛也开始活跃起来了。

继本顿维尔之后,费那特维尔的第二家商店开张了。而在那里沃尔玛遇到第一个有竞争的折价零售商吉布森商店。从那时起,沃尔顿他们就感到零售行业未来将要发生许多重大变化,而这正是他们想参与的。这一切都不是平白无故地发生的。在20世纪50年代和60年代,美国的一切都在发生剧变。

所有在农场或小镇中长大的孩子们,都拥向了工作相对集中的城市。他们并非真的住到市区,而一般都是在郊区落脚,然后乘车往市区上班。似乎每个家庭都至少有一辆车,国家开始修筑州际高速公路系统，这些改变了许多美国人所习惯的传统的做生意方式。

由于大城市市中心的人口和商业开始向市郊转移，市中心的百货商店不得不追随他们的顾客，在郊区的商场中开设分店。由于带停车场的新连锁店，像麦当劳等快餐店的兴起，传统的饭店和餐馆受到了冲击。

老式的城市杂货店被凯马特和其他一些大折价商店打得一败涂地。石油公司几乎在市镇的每个角落都设立服务站，随后，那些所谓的便利商店也开始遍布大街小巷。沃尔顿和巴德这时在拉斯金高地的购物中心开设了商店。

当时沃尔顿所在的大部分地区不像其他地方有那么多商场和快餐店的霓虹灯。麦当劳和凯马特都不肯进入小镇。小镇的商业中心开始衰落。许多顾客成群地转到别处，而留下来的也变得精明了。如果他们想购买比如骑式割草机这样的大件，只要能便宜100美元，他们就会毫不犹豫地驾车到50千米以外的商店去购买。

不仅如此，随着电视机和战后新型汽车的出现，人们争着赶时髦。只要听到克罗格商店的名字，或者别处新开了一家大食品杂货店，他们都会立即驾车前去。只要看到物美价廉的东西，人们就会不厌其烦地反复去光顾。这种状况一直持续到在他们的镇上开设了超市为止。

沃尔顿通过仔细观察镇上的商业规律发现，人们对超市的日用品有相对固定的需求，而且有上升的趋势。很多新商品，甚至闻所未闻的、新奇的生活理念都是通过超市经营活动传递给人们的。比如，在商品的性能、价格以及消费趋势等方面引导顾客。

超市给顾客提供安全、舒适的购物环境，温馨、便捷的购物程序。这些优质、超前的服务使沃尔玛声名鹊起。

正是小镇上的这种强烈的顾客需求，使沃尔玛公司得以创立并迅速繁荣起来，最终遍布全国。

多少年来，沃尔玛一直信奉一条原则：乡村和小镇的顾客与他们那些离开农场迁到大城市去的亲戚们一样，都希望买到价廉物美的商品。由于沃尔玛在这些小镇上每天向人们提供低廉的价格、满意的服务、方便的购物时间，那些有诸多限制的老式杂货店很快就被它击败了。

1969 年，沃尔玛 18 号分店在纽波特开张，这标志着沃尔玛在基本上退出小镇 19 年后又回来了。沃尔顿感觉棒极了，他知道在这个小镇上一定能成功。事实证明，纽波特的沃尔玛商店经营得异常出色。

随着沃尔玛公司的成长，许多小商店倒闭了。有些人试图把这一现象炒成新闻热点，展开诸如拯救小镇商人的讨论，似乎他们应该像鲸鱼或美洲鹤那样被保护起来。

沃尔顿一直对"沃尔玛公司是美国小镇的敌人"这一评论观点极为困惑。他说："沃尔玛公司向当地居民提供了廉价商品，节省了他们数十亿美元的开支，同时我们的商店还为人们创造了成千上万个就业机会，这一切恰恰使许多小镇避免了衰亡。"

正是因为沃尔玛公司规模发展得如此巨大，成为小镇上尽人皆知的大商家，才使它成为大多数商人的眼中钉。有些人试图通过攻击沃尔玛来表达他们对美国小镇的观点，从而树立自己的地位。

这件事使沃尔顿看到了新闻媒体的思维方式，他说："当你还是个无名小卒，还在为实现梦想和承诺奋斗时，你根本别想在那些报刊上为你的公司买到一席之地。当你取得初步成功后，他们仍然对你视而不见，除非你出了问题。然后，你越成功，他们就越怀疑你。当你成为一个大规模企业时，这下麻烦就大了。一夜之间，你就成了一个十足的恶棍，因为处于顶峰的你已成众矢之的。"

作为一个旧时的小镇商人，沃尔顿比任何人更喜欢小镇零售业的黄金岁月。这正是他把沃尔玛小博物馆设在本顿维尔广场的原因之一。它位于原来的沃尔顿廉价商店旧址。

沃尔顿没有沉湎于自己早期的成功，没有狂妄地表示"我们是镇里最好的商人"，他反而告诫说："如果那样，然后照搬一切，不思革新，那么其他竞争者就会出现，拉走我们的顾客，我们就会倒闭。"

一切都是零售业演变过程中绝对必要和不可避免的，就像汽车代替马车一样。小商店注定要消亡，至少数量要大大减少，因此一切是由顾客决定的，他们拥有选择购物的权利。

零售业的中心是服务于顾客。如果你是个无竞争对手的商人，你就可以索取高价，晚开门，早打烊，并且在星期三和星期六下午休息。你的经营可以墨守成规，结果依然会一切正常。但当出现竞争时，你不能指望顾客由于老关系的缘故仍然忠实于你。

在沃尔玛进入小镇并带来新鲜的东西之前，那些原来的小零售商大多对顾客关心得很不够，除非原本就已经营得很出色，否则当折价商兵临城下，他们就不得不重新考虑其商品、广告和促销计划了。

顾客到小商店并不只是为了省几美分。沃尔顿认为，独立的小型商店的最佳策略，就是要亲自到柜台前来接待每位顾客，让他们知道你对他们有多感激，以及亲身操作收银机。

唐·索德奎斯特任本·富兰克林商店总经理时，看到与沃尔玛和凯马特公司竞争取胜无望，因此把许多麾下的杂货店改建成工艺品商店。他们提供比任何沃尔玛商店都丰富得多的工艺品种类，举办有关陶器工艺和插花艺术的课程，这种做法效果极佳。他们在小镇上站稳了脚跟，许多商店经营得非常成功。

沃尔玛对五金商店等一些竞争对手造成了很大压力，但是，只要一位精明的五金店主经营得当，选择了正确的品种，销售人员又精通产品及其使用方法，而且能很好地关心顾客，就可以抢走沃尔玛的许多生意。因为来沃尔玛购买油漆的顾客并不是那种等着店员解说或介绍的人，他们多半自己挑选所需的油漆，然后就四处转转寻找其他想购买的东西。

虽然多数新闻媒体认为沃尔玛公司与小镇的利益有冲突，但沃尔玛几乎在做生意的每个社区都很受欢迎却也是事实。其中一个重要的原因是他们花大力气在商店的管理层和员工中灌输一种对社区的参与感，使自己成为更好的公民。

沃尔玛的某些商店经理在这方面做得尤其出色，但沃尔顿还不满足，他一直说："为了让所有人提高参与社区的程度，我们必须付出不懈的努力。"为此，沃尔玛设立了社区奖学金并制订了慈善捐助计划，并依然在不断努力改进回报社区的方法。

如果沃尔玛选择的新店地址遭到居民反对，那他们会尽量与反对者协商，看看能否在合理的限度内满足他们的要求，或者作些合理的让步，实在不行，那就会选择其他虽然不太感兴趣，但却不会引起争执的地方。

沃尔顿让手下人尽量不要惹这类麻烦，因为有其他那么多好的镇希望他们去。沃尔顿会对每个不欢迎沃尔玛的人说："这真是太好了，还有200多个镇子正在恳求我们到他们那儿开店呢！"

沃尔玛只到受欢迎的地方去开商店。沃尔顿总是说："检验我们是否正确的最简单办法,是在我们已经开张多年的镇子上进行民意测验,看看当地居民是否希望我们留下。"

更多的情况是,有时由于某个店无法盈利,而不得不将它关闭,但却遭到居民的强烈反对。

沃尔玛以顾客第一为宗旨的经营方式,从一开始实行,就引起了很大的震动,不断遭到来自某些"制度"方面的干扰。百货商店向供应商施加压力,阻止他们把货卖给像沃尔玛这样的折价商,因为他们对向顾客提供比他们低得多的价格的做法非常不满。在某些州,百货商店用所谓"公平交易"法来阻挠折价商进入当地市场。

供应商抱怨沃尔玛总是把价格压得很低。而一些制造商的代表也对沃尔玛的做法颇有微词。但从沃尔顿自己开着拖车到田纳西州寻找短裤和衬衫等货源起,他自己就变成了顾客的代理商。

有时候,这个目标可以通过直接从制造商处进货达到,有时需要中间商来与小制造商打交道,以便提高效率。但无论哪种方式,都取决于是否能最好地服务于顾客。

商业环境一直在变化,幸存者必须适应这种变化中的环境。商业是一种竞争性活动,只有顾客满意,才有发展前景。

在沃尔玛早期,多数货源完全来自中间商、批发商或分销商,他们会说:"给我总量的15%回扣,我们就能让你的货架琳琅满目。"那些不择手段、只要有钱赚就行的推销商进入了这个行当,他们根本不必像零售商那样考虑许多。他们收下批发商的货物,提价15%,然后以仍然大大低于百货商店的价格卖出货物。

沃尔顿自己也不愿意开着卡车,特意行驶60千米或70千米到开店的小镇送货。因此,沃尔玛不得不建立自己的分销系统,并慢慢习惯于在价格上压倒所有人。沃尔玛的商店拥有优质的商品,而他们获得商品的成本却是最低的，就是因为那时他们完全没有利用任何分销商，已经习惯于一切事都自己去办，当然不愿意再付钱给那些中间商。

克劳德·哈里斯总是对采购员说："你不是在为沃尔玛公司谈判，而是在为你的顾客谈判。而顾客应当获得你所能得到的最好价格。不要为供应商感到抱歉。他清楚自己的货应当卖什么价，而我们希望得到他的最低价。公平、坦率、诚实，但也必须争取达成最好的交易，因为你是在为千百万期望得到最优价格的顾客做生意。"

沃尔玛的采购员总是对供应商说："别把回扣算在里面，因为我们不那么做。我们也不需要你们做广告或送货。我们的卡车会直接到你们仓库装货。好了，现在你们的最优价是多少？"

有几次，因为讨价还价，双方都丝毫不让步妥协，克劳德曾经威胁宝洁公司将不再买他们的产品，而对方说："没有我们的产品你肯定不行。"

克劳德反唇相讥说："瞧着吧，我会把你们的产品放在旁边柜台上，而把价格便宜一点儿的科尔盖特公司的产品放在显眼的位置。你就等着瞧吧！"

对方生气地去找沃尔顿，但沃尔顿听了之后说："不管克劳德是怎么说的，事实的确如此。"

后来，宝洁公司学会了尊重沃尔玛，两家一直保持着良好的关系，沃尔玛一直是他们最大的主顾。他们知道，当沃尔玛的人说要代表顾客的利益时，是十分严肃认真的。

后来有一天，沃尔顿在本顿维尔的密友和长期的网球搭档乔治·比林斯利打电话给他："萨姆，我想邀请你一起乘独木舟游斯普林河。我还带来一位老朋友卢·普里切特，他是宝洁公司的副总经理。他想跟你会会面，谈谈与我们两家公司都有关的事情。"

沃尔顿欣然应邀前往。在游河途中，就供应商和零售商的关系进行了深入的探讨。最终双方都把焦点放在最终用户"顾客"身上。

结果，他们把两个公司的各10名最高层管理人员召集到本顿维尔，大家在两天中推心置腹地进行沟通和交流。

3个月后，成立了一支由宝洁和沃尔玛两公司的人员组成的队伍，从而建立了一种全新的供应商和零售商的关系。

双方以合伙方式来开展业务。宝洁公司可以查阅沃尔玛公司的销售和存货数据，然后利用该信息高效率地制订自己的生产和运输计划；而沃尔玛用信息技术来共同管理业务，而不仅仅是审核业务，由此开辟了新的天地。

这种合伙关系也成为沃尔玛与其他许多供应商关系的榜样。后来，沃尔玛不只注重产品的质量和价格，而且是和供应商坐下来，一起商量成本和利润，并且共同计划所有事情，这样更有利于共同生存、进步。为此，沃尔玛要让制造商得知公司整整一年甚至两年的需求。

沃尔顿说："只要他们对我们坦诚相待，继续生产顾客希望的产品，并尽量降低其成本，我们就可以继续与之合作。我们都是赢家，而更重要的是，顾客也是赢家。整个过程效率的提高能使制造商减少其成本，从而使我们能降低价格。"

戴维·格拉斯有一次去一家商店，碰到经理及其助理正同一位部门经理一起巡视她的部门。那儿很挤，她把那件物品放到了顾客够不到的地方。他们问："如果你是顾客，你怎么才能买到那件物品呢？如果你是顾客，你还打算买哪些与之相关的东西呢？又怎么才能找到呢？"

戴维很喜欢这种做法，他说："如果从顾客的角度考虑，就会把商品陈列和花色品种的搭配放在首位。这并不是件容易的事。要从顾客的角度考虑，你必须想到许多细节问题。有人说'零售就是细节'，这话太对了。而从另一方面看，这又十分简单。如果顾客是老板，你所做的一切就是让他们满意。"

沃尔顿听了戴维的话后，非常同意，他也说："戴维，你说得非常对，自从我们公司创立以来，我们所做的每件事，都围绕着一个核心观念，即顾客是我们的老板。这一观念给我们带来的麻烦和争端令我吃惊，但这些都不难对付，因为我们从不怀疑我们的经营哲学——顾客第一。"

创新机制提升优势

沃尔玛公司高层管理人士始终把分销和运输看作是一种竞争优势，因为它在这两方面获得了很大成功。有许多公司并不愿意在分销上花费金钱，而沃尔玛则在这方面花费大量金钱，因为这样确实能降低成本。这是一个十分重要的经营策略。

沃尔顿创立了沃尔玛公司作为零售和分销技术的一家世界领先企业，他的声誉颇受人们称道。

然而，沃尔顿却说："沃尔玛公司不断向全国拓展的主要原因之一，在于像戴维·格拉斯以及早先的杰克·休梅克和罗恩·迈耶不断对我施加压力，要我在技术方面大量投资。我曾经与他们争辩并加以阻止，但我最终还是签了那些支票。"

也许沃尔顿这是在开一个玩笑，但事实是沃尔玛在通信和分销方面都得以领先于整个行业。

在20世纪70年代末期，凯马特公司强烈抵制任何变革，也包括对零售系统方面的投资。与之相反，沃尔玛的经营者们则完全确信，计算机对于维持增长和降低成本结构来说是必不可少的。后来证明他们的决策当然是完全正确的,以至于人们把沃尔玛的管理人士看作天才。

戴维·格拉斯是多年来这许多一直为此作出贡献的人中出力最多的。戴维想象出了自动化分销中心,由计算机将沃尔玛的商店和供应商联系起来。1978年,戴维在阿肯色州的瑟西着手建立了一个这样的系统。

在瑟西建立电脑分销中心的时间比沃尔玛要求的晚了大约两年,因此,戴维一直感到压力很大,要尽快将它成立并使之运转起来。

由于后勤方面的问题,沃尔玛当时的问题是不能够扩张到离本顿维尔的分销中心350千米以外的地方去。一些对沃尔玛持怀疑态度的人就由此断言:"沃尔玛将永远只是一家局限于本地区的地方性中小零售商。"

戴维努力争取建立第一家远距离机械化分销中心——瑟西中心,以此作为解决问题的途径。但由于太急功近利,以至于不得不匆匆将它投入营业,因此造成了严重的灾难性后果。

在建筑物还没有封顶时,戴维就急着安排把货物往那里运,而且没有任何东西按照预期的那样运转,甚至连厕所也是如此。数据处理主管格伦·哈伯恩,还有保罗·卡特这样的人都在那里开铲车,后来哈伯恩还撞倒一个货物架,并把一种品牌的漱口水泼得满地都是。那里的工作条件极其糟糕。

沃尔顿开始怀疑起这套分销系统来,他确实拿不准它究竟是否会起作用。幸好就在那时,沃尔顿从本·富兰克林公司雇来了唐·索德奎斯特,而唐·索德奎斯特来了以后成为分销系统尝试的极大支持者。他一直相信机械化分销,而且从1980年起逐渐从戴维手中接管了分销。唐继续花大力气进行扩张，并且帮助引进了许多革新，包括一项迫切需要的新的存货管理系统。

在唐·索德奎斯特的努力下，沃尔玛扭转了瑟西分店的局面并使之得以运转，在盘下库恩公司的所有商店以后，瑟西这个分销点最终保存下来。然后沃尔玛进一步想出如何给它们供应商品的办法，出于与一家第三方分销商订立的协议方面的考虑，沃尔玛在瑟西又建立了一家附属商店以满足它们的需要，这样就解决了问题。

瑟西作为沃尔玛最初的分销中心，的确是打开沃尔玛整个销售体系的钥匙。事实证明它能够起作用，沃尔玛就开始在任何地方重复这种模式。

沃尔玛的分销体系不仅后来成为本行业所有人的骄傲，而且也使其他许多人称羡不已。沃尔玛相继建立了20个分销中心，它们被战略性地安置在全国的各个销售区域，其中绝大多数离它们所服务的商店只有一天的路程，或者是大约350千米范围之内。合起来算，它们占有1800万平方米以上的销售空间。

沃尔玛的商店备有80000种以上的商品，而且其中有85%的货都是由自己的分销仓库直接供应的，它的零售商从在计算机上开出订单，到得到添货的时间间隔平均只有两天左右。而沃尔玛的许多竞争者则大约需要5天以上，他们无法通过自己的销售网络运送足够多的商品。

沃尔顿认为，分销系统在时间节约和灵活性上固然颇为出色，但光是成本节约一项就足以证明值得进行这笔投资。沃尔玛将商品运往商店的成本只有不到3%，而竞争者相应则需要4.5%至5%。如果沃尔玛以同样的价格出售同样的商品，那么就能比竞争者多挣出好多的额外利润。

拥有了自己的销售和后勤渠道并且自己来管理，就比那些依赖第三方供应商的公司具有一种巨大的竞争优势，从此可以不必依赖其他人。当沃尔玛需要客户来订货时，通常已经对情况有所了解，这样就能作出安排和计划，以便在恰当的时间将货物运往商店。

这样，就能使存货状况得以最大化，而这是至关重要的。除非你能在客户需要时正好拥有产品，否则你是无法创造出销售额来的。

沃尔玛不仅将大量货物储存在自己的分销中心，而且还依靠自己的卡车运输队，其程度远远超过了许多竞争对手。沃尔玛的车队是全国最大的车队之一，戴维为了证明这一点，曾要求主管运输的副总经理李·斯科特试着在一天里找到车队的每辆卡车和拖车，数到最后，李说："戴维，我们拥有超过2000辆的公路长途运输卡车和11000辆以上的拖车。"

沃尔玛始终感到需要有自己的车队，而凯马特公司和塔吉特公司却总是要求第三方将大量货物从其分销中心运送出去。

沃尔玛为了具有自己所需要的那种灵活性和及时反应的能力，就需要许多优秀的司机，需要那些像商店里的员工一样献身于为客户服务的司机。

沃尔顿自豪地说："当有人外出在高速公路上越过一辆沃尔玛公司的卡车时，你可以把所有的钱拿出来打赌说，那个坐在方向盘后的家伙是个真正的行家。他并非仅仅是在驾驶一辆卡车。他正致力于为那些商店服务，而且他知道自己就是沃尔玛公司以及我们所代表的一切的使者。我可以这样说：我们拥有美国最出色的卡车司机，而且他们的忠诚和勤奋态度深深地影响了这家公司。"

沃尔玛的司机都忠实于他们为商店服务的使命，他们不断地向公司汇报诸如看上去尚好的商品被扔在商店后面，商店里的态度和品行问题等诸如这类的事情。

长期以来，沃尔顿通常会在凌晨4时带上一大包炸面包圈出现在司机休息室，并且坐在那里与他们聊上几个小时。他总是问："你在商店里看到些什么？""你最近有没有去过那家商店？""那里的人干得怎样？""它是不是越来越兴旺？"等等。

这很有意义。司机们每周总要比公司的其他人接触更多的商店。而且沃尔顿喜欢司机们的地方恰在于他们绝不像许多经理，他们并不在乎你是谁，他们总会告诉沃尔顿一些真实的见闻。

当然，技术和硬件只是工具而已，使整个销售体系运转如此出色的唯一原因就在于所有参与人员的贡献。就像商店里的职员一样，销售体系中的人员坚信他们的主要工作就是照顾好顾客，只不过他们要照顾的顾客就是沃尔玛商店或萨姆俱乐部。

沃尔玛有了这种观念作为商业经营的基础，因此培养出一种按要求调整以满足商店需要的独特能力。他们可以对别人夸口说："我们每天向97%的分销店运送货物。"

后来，沃尔顿发现那对所有的商店来说并非一定是最好的方式，尤其是那些较小的商店。因此，又采取了一种根据客户要求的送货计划，这样商店可以从4种不同的运送计划中任选其一。每隔6个月，每家商店决定它所偏爱的计划。

此外，沃尔玛还有一种"加急运送"计划，用于那些远离某个分销中心的商店。根据该计划，一家商店可以在星期一晚上订购货，到星期二晚上就可以收到。这在本行业中无与伦比。

当这些分销中心开始作业时，沃尔顿喜欢到某个分销中心去看一看那种壮观的景象：

首先，这是一个大约110万平方米的建筑物，其面积相当于23个足球场那么大，占地150英亩。从地面到屋顶堆满了你所能想象出来的各种商品，从牙膏到电视机，从卫生纸到玩具，从自行车到烧烤架，应有尽有。

这里的每样商品都有条形码，有一台计算机负责追踪每箱商品的位置和移动情况，从它的储存直至运送出去。大约有600名至800名员工在那里供职，他们每天24小时一刻不停地工作。

这个建筑物的一头是一个带有装卸门的运输码头，那里同时可为30辆卡车装货，另一头则是收货码头，可能有135个供卸货用的车位。

这些货物在仓库里大约8500米长的激光引导传送带上运入和运出，由激光器读出货箱上的条形码，并把它们引向当晚为其供货的任何一辆运货卡车上去。在某个繁忙的日子，这些传送带可能要运送大约20万箱货物。

当一切以全速运转时，那只是在这些传送带上来回翻飞的一些盒子和条框的影子，红色的激光到处闪耀，把这个箱子引向那辆卡车，或者把那个箱子引向这辆卡车。在外面的停车场，沃尔玛公司的卡车车队整天轰隆隆地进进出出。

沃尔顿只要到这些销售中心去，与那里的员工交谈，与他们以及卡车司机一起喝咖啡，总是感到特别激动。而且让沃尔顿感到惊奇的是，他们总有许多改进系统的想法，这也让沃尔顿特别自豪。

沃尔玛公司的另外19个几乎完全相同的分销中心每天都在发生同样的事情。沃尔玛不仅在不断推广处理事情的方式，而且还经常规划兴建新仓库、培训新的仓库管理人员。

沃尔顿想到这里，他说："这对乔·哈丁和他的部下来说绝不是轻而易举的小任务。也许在今后几年里我们需要 30 个这样的分销中心投入运转。"

1976 年,戴维·格拉斯进入董事会以后,他就一直敦促沃尔顿对该系统进行投资。与此同时,戴维与杰克·休梅克还极力主张对更多、更好的计算机系统进行大量投资,这样就能够对整个公司的销售、商品和存货情况尤其是那些店内的交易进行追踪。

1978 年,当杰克担任公司的总经理和经营主管时,他总是努力让沃尔顿投资于条形码和 SKU 项目控制,后者是一个计算机化的单位存货控制系统。杰克还积极参与卫星系统的建立。

沃尔玛的数据处理主管格伦·哈伯恩和杰克·休梅克都梦想建立一个交互式的通信系统,凭借该系统就能在所有的商店、分销中心和公司总部之间来回进行通信。

有一次,沃尔顿对杰克·休梅克说:"杰克,我想出了使用卫星的主意。"

而杰克·休梅克却说:"萨姆,先不要告诉其他人,让我们先干起来。"

然后格伦和杰克就在极短的时间内提出了一项建议,于是他们告知了沃尔顿。

沃尔顿只是听着,不反对也不鼓励。

杰克又与麦科姆·休斯公司进行了联系,并拟订了一份合同,最后以 2400 万美元建立了一个这样的系统。

1983 年,沃尔玛开始启动该系统,在最初两年里,它并没有带来立即的成功。但后来当它运转起来发挥了功效后,每一家公司都已拥有一个这样的系统了。

后来证明,卫星是绝对必需的,因为一旦在商店里有了那些扫描仪，就能让所有这些数据通过电话线路送回本顿维尔总部。这些线路只有有限的能力，因此当商店开设越来越多时，就的确存在着让员工从工作场所赶回总部联系的低效率工作方式。

而沃尔顿总是喜欢尽快得到那些数据："我们越快得到那些信息，我们就能越快据此采取行动。"

这个系统迅速成为沃尔玛的一个重要工具，而技术人员则出色完成了能得以最大限度地利用该系统的工作。

在最初的时候，沃尔顿很少热衷于那些系统。当在公司总部大楼旁边建造了一幢大约占地13.5万平方米的庞大建筑物只是为了容纳那些计算机时，每个人都告诉沃尔顿，还要建造许多房间。随后那里就装满了各种计算机设备。

沃尔玛为此花费了大约7亿美元。沃尔玛拥有的计算机和卫星系统据说是世界上最大的一种民用数据库，甚至比美国电话电报公司的还要大。

沃尔顿认为这些都无关紧要，他关心的是能够一眼就从中获取的信息。一般来说，这些系统保存着储存在沃尔玛公司或萨姆商店的每个单项商品65周以来的周转历史。沃尔顿随手拿起任何一样东西，比如他在办公室所用的电视机-盒式录像机组合，就可知道过去16个月里购进以及售出多少商品的准确数字，不仅有整体的情况，还有每个地区、每个区域以及每个商店的情况。

沃尔顿高兴地说："如果让一家零售商比我们知道更多有关他的产品在我们的商店里表现如何的情况，那就太好了。我猜想我们总是知道那些信息会赋予你一定的力量，但我们能在计算机内取出这些数据会使我们具有强大的竞争优势。"

沃尔顿喜欢走进那间卫星设备室，看着技术人员在那里坐在计算机屏幕面前拿着电话与任何一家系统可能发生问题的商店交谈。沃尔顿只要在他们的身后看上一两分钟，就能知道当天经营的许多情况。

从屏幕上，能显示出当天银行信用卡销售的累计发生总额、当天回收了多少张失窃的信用卡、沃尔玛的信用卡认可体系是否像它应该的那样运转，并监督当天他们做成的交易数目。

当沃尔顿或者沃尔玛公司的其他经理们有什么重要或紧急的事情需要与商店和分销中心交流时，就会走回电视演播室并打开卫星传输设备，把消息传到那里。而且，每个星期六早晨沃尔顿都能进入那个房间，察看那些打印结果，并准确地了解本周所发生的情况。

谦虚经营不断壮大

费罗尔德·阿伦，刚进沃尔玛公司不久就问沃尔顿："好吧，萨姆，你到底要让这家公司发展到多大规模？你的计划是什么？"

沃尔顿回答他说："费罗尔德，能够多大就发展到多大。如果我们能用自己的钱发展壮大，我们还可以多开一两家商店。"

后来又有人问："萨姆，沃尔玛为什么能够不断壮大成长为跨国大企业？你的经营诀窍是什么？"

沃尔顿回答说："我们的经营秘诀很简单，那就是谦虚经营！"

1960年，有人让沃尔顿看了一篇刊登于当地杂志的文章，说："看看吧，萨姆，你会感兴趣的。"

沃尔顿看到那篇题目为《本年度的成功故事》的文章中描述了沃尔顿如何建立起一个9家杂货店王国的故事。

该文章还引用了沃尔顿的话来证明他可能不会继续发展：

> 我相信需要亲自监管这9家商店，而且我认为倘若不增加另外的经理，更多的商店可能管理起来有所"不便"。

的确，沃尔顿管理企业一般总是保持个人亲自监督的方式，通常是定期乘飞机四处巡视他的商店。但是从一开始，即使是从沃尔顿还在大学里读书时起，他也一直擅长于授权，总是试图雇用最好的人员来管理自己的商店。

早在1945年沃尔顿买下纽波特的那家很小的前街商店时，就已经历了许多大风大浪，但是这也让沃尔顿学会了许多事情，并成为在将那家商店建设成一个令人尊敬的企业的过程中所采用的原则，它们都仍然适用于后来的沃尔玛公司。

在30多年里，沃尔玛一直维持可观的增长，而没有遇到任何重大的财务危机或利润下降。这是其他公司望尘莫及的。在那段时期，沃尔玛以每年30%的速度增长，有些年份甚至达到惊人的70%。

在整个过程中，一直有许多人在等着看沃尔玛倒闭或衰落。华尔街那些人说："一旦沃尔玛的年销售额达到10亿美元以后，就不可能保持原来的经营方式。"

但是，沃尔玛一切运转正常，顺利地突破了10亿美元。然后那些人又说："沃尔玛当年销售额达到100亿美元时一切就会崩溃，因为沃尔顿不可能凭南方小镇的管理哲学管理那么大的一家公司。"

但沃尔玛很快超越了那个目标，然后突破200亿美元和300亿美元，并一直达到530亿美元的年销售额；商店数也由1960年的9家增长至1500多家。

沃尔玛毫无疑问已经成为全世界最大的零售商，而且仍然像野草那样不断增长。每周，有大约4000万人在沃尔玛公司购物。沃尔玛一年出售的男女用内衣和袜子，足以让美国每个人都分到一份仍有余。沃尔玛还出售了全美1/4的钓鱼线，大约有60万千米长，足以绕地球 15 圈。全美国 20% 的电话机也是在这里出售的。

1990 年,沃尔玛一星期所出售的自创品牌老罗伊牌狗食,相当于 1980 年全年的数量,它已成为全美第二大品牌的狗食,而且只有沃尔玛公司才出售这种牌子。

此外,宝洁公司卖给沃尔玛公司的产品要比卖给日本全国的还多。

沃尔顿一直想要成为世界上最好的零售商,而不一定是最大的。事实上,他总是有点担心扩大经营规模可能妨碍工作的出色完成。

在沃尔玛的年销售额达到 110 亿美元之前,许多供应商和零售商还只把它看作是阿肯色州偏僻地区的小店而未加重视。多年来,有些供应商甚至从未打电话给他们。

现在,沃尔玛已经成为超大规模的公司了,但规模大也会招致危险。许多原本很好的公司在草创时颇为强盛,但规模扩大以后就狂妄自大,对顾客的需求不是茫然无知就是反应迟钝。

公司规模越大,沃尔顿所考虑的东西就越是朴实,他说:"我们不能在行为上像是大公司,毕竟我们是小镇出身的商人,我们从来不敢忘记。尤其是当我们挺起胸膛夸耀我们庞大的销售额和利润时,要想到,这些成果是所有员工、商店经理以及分销中心的工作人员努力工作、保持态度和蔼以及发扬团队精神所创造出来的。

"如果我们因此而得意忘形,那么就必将导致失败。我们从在纽波特开办那家本·富兰克林商店开始,就从没忘记看着顾客的眼睛,说声欢迎光临,礼貌地询问他需要什么。如果不是这样,我们应当转向其他行业,因为我们不可能在此生存下去。"

早在沃尔顿在纽波特经营商店时,他就是创业家,也是社区的领导人物。他知道创业精神的重要,因而不希望他们失去它。他看到了本·富兰克林商店所发生的巨大变化,以及许多其他公司因为规模扩大和注意力分散而丧失了这种精神,他决心不让这种事情在沃尔玛身上发生。

沃尔顿经常在开会时对大家说:"对我们而言,谦虚是一种生活方式,它几乎已成为一种习惯。而且,我想谦虚谨慎的经营态度是几乎任何企业都能靠它获利的一种方法。你的公司发展得越大,你可能越是迫切地需要它。以我们今天的规模,若作为一家国家管理的连锁商店来经营就会有许多组织和标准统一的压力,因为每件事情都由高层作出决定再交由商店去执行。

"在这种制度内,完全没有创造力发挥的余地,也没有像我早期有本·富兰克林商店那样给新人留出的位置,更谈不上诞生创业家或推销商。我痛恨在这样的地方工作,而且我每天都担心沃尔玛公司会变成那样。"

沃尔顿还说:"我每时每刻都盯着这里的人。当然,那些零售商和供应商都希望看到我们变成那样,因为那肯定会使他们的工作变得更为轻松。如果公司里有人认为我们沃尔玛公司不会发生什么大问题,我希望他最好马上卷起铺盖辞职,因为我们总是小心提防任何事情。"

几十年来,沃尔顿一直努力建立一家简单、高效以及由基层把握方向的公司。在扩展的过程中,逐步使公司每个人学到了一些有关谦虚经营的实际经验,并确立了若干对公司的成功产生重大影响的原则。

沃尔顿对此解释说:"在你完全了解为什么我们能发展到今天这种地步以前,必须先了解这些原则,然后你就能理解我们如何将这些原则应用于公司的建设。如果你也面临同样的挑战，既想扩展事业，又不想失去与顾客的沟通，那么看看我们是如何做的，会对你有所帮助。"

这些原则一点也不深奥，而且都是基本常识，其中绝大多数都能在任何论述管理理论的书籍和文章中找到。沃尔顿多年来常阅读和研究这些书籍。

但是，当沃尔顿将这些原则运用于沃尔玛公司时，他的方式略有一点不同。他用6种较重要的方法说明了是如何让沃尔玛公司保持谦虚经营的。

一是每次只考虑一家商店。

听上去似乎非常容易，但它却是沃尔玛不断保持领先的要素。沃尔顿说："我们的销售额和收入不断增加，但这并不意味着我们比别人更聪明，也不是由于我们规模发展到这么大才使这一切发生。它只是表明我们的顾客在不断地支持我们。如果他们停止支持，我们的收入就会消失，我们就要面临失业。"

因此沃尔玛坚持不断降低价格、改善服务以及让那些在他们商店购物的人满意。这些事情不是从主管办公室下命令就能全面做到的，必须逐个商店、逐个部门、逐个顾客、逐个员工地进行。

沃尔玛在佛罗里达州的巴拿马城有一家商店，而在5000米外的巴拿马城海滩另外又有一家商店，但是这两家店的零售商品组合以及顾客来源都截然不同，它们是完全不同的两类商店：一家是为去海滩的游客而开设；另一家则是较普通的沃尔玛商店，供居住在城内的居民购物之用。

为此，沃尔玛尽可能在每家商店都安置一个零售商负责，并把其他一些零售商培养成商店各部门的主管。因为现场的零售商才是一年四季面对顾客的人,只有让他们承担管理职责,零售商品组合才会真正合乎需求。

沃尔顿要求管理层人员必须倾听外面店员的意见。沃尔玛在本顿维尔就有218个这样的采购员,沃尔顿一直提醒他们:"你们真正的工作是去协助商店内的店员。否则,如果你拥有的是与每家特定商店的顾客脱节的总部推动体制,结果巴拿马城海滩商店内就会有一大堆卖不出去的工作靴、工作服和猎枪,而那里的顾客却需要水枪、钓鱼竿、提桶和沙铲;而市内的巴拿马城商店则堆了许多因卖不出去而积满灰尘的海滩用品。"

当他们在星期六早晨的会议坐下来讨论业务时,总喜欢集中于一家商店,看它如何应付当地市场的竞争对手。

沃尔顿说:

> 经常以最小的营运单位为讨论对象,考虑到直接面对顾客,这样我们就能保持谦虚的态度。

于是,大家一起讨论这家商店的做法哪些是对的、哪些是错的,如何衡量其绩效,工资状况如何,竞争对手是哪些人以及该如何应对等等。

集中于单独一家商店能够完成许多事情。首先,它能使我们真正改善那家商店。而且如果在此过程中恰好掌握了某个商店以某种优于竞争者的手法促销,那么就会很快将此信息推广到全国其他的商店,检验它在其他地方是否适用。

二是沟通再沟通。

将沃尔玛体制浓缩成一个思想,那就是沟通,因为它才是沃尔玛成功的真正关键之一。

沃尔玛的沟通方式有许多种，从星期六早晨的会议到极其简单的电话交谈，乃至卫星系统。在这样一家大公司实现良好沟通的必要性，无论如何强调也是不过分的。

沃尔顿说："如果你想出销售海滩浴巾的好办法，却不能告诉公司内的每个人，那又有什么用呢？如果佛罗里达州圣奥古斯丁的商店店员到冬天还不能得到巴拿马城的信息，他们就会错失良机。而且如果本顿维尔总部的采购员不知道今年夏天我们海滩浴巾的销售量可望翻倍，那些商店就会没任何东西可卖。"

沃尔顿一直把有关信息共享方面的管理文章看作是公司力量的新的源泉。这在早期仅有几家商店时就已经这样做了。那时，他就认为商店经理应该知道同其商店有关的每个数字，后来各部门主管也开始分享这些数据资料。

沃尔玛在扩展过程中也始终坚持这么做。因此沃尔顿不惜将数亿美元投资于计算机和卫星系统，尽可能快地将所有细节情况在整个公司内散播。

沃尔顿说："事实证明，这是非常值得的投资。正因为有了信息技术，我们的商店经理才能真正清晰地了解大多数时间内的经营状况。他们将各种信息通过卫星以极快的速度传送出去，比如其每月的损益报表、能够说明他们商店内出售些什么东西的最新的销售数据，以及大量他们希望得到而我们却没办法发给他们的其他文件。"

在沟通发展过程中也有失误的地方，那次通过与威斯康星州沟通之后，运送了大量月亮馅饼到那里的商店，其实那里并不缺货，结果造成了大麻烦。

沟通的态度与科技同样重要。沃尔玛一直执行这样一项规定：本顿维尔总部的采购员必须先回商店的电话，然后才能回供应商或其他人的电话，而且一定要在接到电话当天的日落之前回电。

由于沃尔玛的规模过于庞大，不可能让每家商店的每个部门主管把大量时间花在本顿维尔的供应商身上，所以他们一直试图想出能达到同样效果的方法。因此公司为部门经理们开办研讨会，挑选一个部门，然后从每个地区挑选一个部门主管，这些人是实际经营商店内该商品部门的全日制员工。

公司将所有人集中到本顿维尔，让他们告诉采购员该买什么和不该买什么。然后，他们会与供应商见面，说明其产品有何优缺点。同时，所有人一起制订下个季节的计划，然后这些部门主管带着他们从邻近商店的同僚那里学来的东西各自回自己的地区。

尽管沃尔顿经常去各家商店视察，也常常召集员工到本顿维尔来，但有时他总感到不能表达清楚。如果他意识到那是一个非讲不可的主题了，就会马上到某台电视摄像机前，通过人造卫星向聚集在各家商店休息室的电视机前的所有员工讲话。

有一年圣诞节时，沃尔顿突然有一个构想要告诉大家，于是他走到摄像机前同大家谈公司的销售状况以及所追求的目标，并祝他们节日期间一切顺利。

然后他才进入正题："我想世界上其他任何零售商不可能做到我向你们所建议的事情。这其实很简单，也并不花费什么。而我相信它能创造奇迹，对我们的顾客绝对是一种奇迹；而且我们的销售额会直线上升，我想一两年内我们就能超过凯马特公司，甚至可能超过西尔斯公司。我希望你们跟着我宣誓，我要你们保证，无论何时，当你与顾客的距离在10米之内时，你必须看着他的眼睛，问候他并询问他需要什么。我知道你们有些人只是天生害羞，或许不愿意去打扰他人。

"但如果你照我的话去做，我肯定它能帮助你成为一个领导者。它会帮助你的人气得以提升，你就能变得更加外向，过一段时间你就可能成为该商店的经理、部门经理或地区经理，或者是本公司内任何你想要的职位。这会给你带来奇迹，我保证。

"现在，我要你们举起右手而且要记住，在沃尔玛公司从来说话算话。好了，大家跟着我念：从今天起，我庄严宣誓并做到，每当顾客与我相距10米以内时，我必定笑脸相迎，看着他的眼睛并问候他。萨姆帮助我。"

虽然沃尔顿无法知道这么一点的沟通会对员工或顾客产生什么样的效果，但他感到确实有必要通过卫星来提醒大家做到这点。

沃尔顿解释其中的重要意义："我知道许多员工已开始照我所建议的方法去做了，而我确信许多顾客对此也颇为欣赏。我们运用大众传媒来传播这个构想，但这是一个很小的构想，针对的是第一线的员工，他们才是使顾客满意并让他们不断光临的责任承担者。我不敢说我这番鼓舞士气的讲话同公司发展有多么密切的联系。"

但就是从那年圣诞节起，沃尔玛的销售额超过凯马特公司和西尔斯公司所花的时间，比华尔街最乐观的分析家所估计的还要早两年。

三是倾听最基层的声音。

沃尔顿作为公司的董事长，完全负责公司在技术方面的投资。虽然这种投资对公司的成功至为关键，但是他却从未将对计算机的投入看作必需的管理费用。同时，他认为计算机的作用是有限的。

沃尔顿说："一台计算机无法替代，而且绝不可能替代到商店巡视和学习的功效。换句话说，一台计算机能够告诉你已经售出了多少，但它绝不能告诉你将可以售出多少。"

因此，沃尔玛公司始终坚持让经理和采购员必须离开本顿维尔这里的办公室，到各商店内去亲自巡视。

沃尔玛在阿肯色州罗杰斯机场的飞机库里有12架飞机，公司经理和采购员经常在空中飞来飞去，以便能倾听基层的声音。

早在1960年，沃尔顿就总是乘那架被巴德嘲笑"怎么看也不像飞机"的旧飞机，每周去那些商店了解哪些商品卖得好、哪些商品卖得不好，有什么样的竞争对手，经理的工作表现如何，商店的面貌如何以及顾客们的需求。

后来，地区经理所做的工作与沃尔顿1960年所做的完全相同，真正亲自处理店内的一切事务。

沃尔顿发展到有18名地区经理，他们都以本顿维尔作为基地。每个星期一早晨，他们蜂拥进入飞机，前往他们分管的地区视察商店，这是沃尔顿聘用他们时让他们承诺的条件。他们外出三四天，通常会在星期四回来。

长期以来，沃尔顿已经在他们的脑子里灌输了这样的信念：每次巡视，必须至少带回一个能算是不虚此行的构想。

一旦这些地区经理星期四回来以后，沃尔玛就安排飞机载上一些采购人员，将他们送出去拜访个别的商店。然后，他们与早些时候也视察过一些商店公司的高级管理人员聚集在一起召开星期五的业务会议，大家一起讨论收集来的第一手材料。

除了实地调查以外，会议中还会有计算机打印的销售清单，它能告诉大家哪些商品卖得出去、哪些卖不出去。然而会议中真正有价值的情报还是每个人从商店里带回来的信息。

如果他们工作认真负责，他们就会知道为什么那些商品会畅销或滞销，以及随后应当出售什么商品或是将它从货架上撤除。

如果他们到巴拿马城海滩的商店看到那里防晒油的展示效果不错，就可以将此方法告诉其他地区的海滩商店。如果他们到里奥格兰德瓦利的大型商店，发现那里女装的销售遭到竞争对手而挫败，因为对方的品种搭配更适合该地区的特定品位，那么就及时进行调整。

会议结束以后，这些地区经理立刻打电话给分区经理，再由他们告知各商店经理，商店经理会要求部门经理马上采取行动。

沃尔玛星期五的业务会议对零售业来说是极其独特的。在本顿维尔聚集了所有的地区经理，这些直接指挥商店经营的管理人员已经进行了一周的实地调查。然后，召开所有在本顿维尔的采购员会议。

在零售业，经营人员和采购人员总会存在一种传统上的直接对抗。经营人员会说："有谁会来买这种东西？它根本没有用，我们不会出售的。"

然后采购人员会反驳说："那些商品并没有什么不好。只要你们好好陈列和促销，它就会供不应求。"到处都是这样的情况。

所以沃尔玛每星期五要请他们一起坐下来好好讨论。如果碰到一些棘手的事情，就从不让某一事项悬而不决。即使是错误的，也要在会议中作出一种决策。当每个人走出会议室时，对这件事情谁赞成谁反对会有一个明确的印象。一旦在星期五作出了决策，就通知所有商店在星期六就予以执行。在这里，不允许人们说这样的话："让我们考虑一下。"

随着沃尔玛日益壮大，公司高层想出了各种方法以使采购人员保持对商店需求的供货反应。他们已经拥有称为地区采购员的员工，协助商店经理针对各自商店的需要进行采购。

沃尔顿最喜爱的一项采购计划称为"吃吃自己做的菜"。每个季度，每个采购员都必须去一家不同的商店，并在他们所采购商品的部门担任几天的经理。一旦他们"吃过几次自己做的菜"，就不会把许多月亮馅饼运往威斯康星州或者把海滩浴巾送到堪萨斯州的海厄瓦萨。

四是将责任和职权下放。

沃尔顿常说："我们这家公司发展得越大，就越有必要将责任和职权下放给第一线的工作人员，尤其是清理货架和与顾客交谈的部门经理们。"

当公司规模还较小时，沃尔顿没那么快想到授权这个问题。但作为管理理论的勤奋学习者，他在20世纪70年代时开始阅读著名的统计学家爱德华兹·戴明的著作。这位统计学家教了日本人许多有关提高生产率和竞争能力的知识。

后来，沃尔顿和海伦去日本和韩国旅行，从而想出一套不同的做法来改进沃尔玛公司的经营。这种著名的方法就是教科书中关于谦虚经营的范例。沃尔玛将它称为"店中有店"。

许多大零售公司的部门经理通常只是一些按时打卡上班，然后打开纸箱将商品放上货架的雇员而已。但沃尔玛却让这些部门经理们有机会在竞赛的早期阶段就能成为真正的商人。即使他们还没有上过大学或是没接受过正式的商业训练，只要他们真正想要获得，而且努力专心工作和培养做生意的技巧，他们仍然可以拥有权责。

在沃尔玛有很多这样的例子，许多人因工作经验而激起雄心壮志，他们半工半读完成大学学业，随后又在公司内逐渐升任要职。

沃尔顿表示："我希望有更多的人能够这样。"

沃尔玛从一开始就决定将各种信息在公司同事内分享，而不是将每件事都当作机密，只有这样授权才能起作用。

"店中有店"的方法是让部门经理管理他们自己的业务，有时其营业额实际上比最初的沃尔玛商店还要大。所有的资料，如货物的成本、运输成本和利润，都是公开的。沃尔顿让他们知道，他们的商店在公司排名情况如何，并且提供刺激手段，鼓励他们去争取好成绩。

沃尔玛一直尝试在自治和控制之间实现最佳的平衡。同任何大零售商一样，沃尔玛公司当然有某些规定是要求各家商店都必须遵守的，有些商品也是每家商店都要销售的。但他们还是逐步保证各家商店拥有一定的自治权限：订购商品的权责归部门经理，促销商品的权责则归商店经理。

沃尔玛的采购人员也比其他公司的人员拥有更大的决定权，但同时也严格管束他们，因为不能让他们过分自大，以为自己无所不能。因此沃尔玛的采购人员就像商店内的员工们一样在承担职责方面处于零售业的领先地位。

五是促使员工提出各种建议。

沃尔玛总是在寻求新的方法，以鼓励商店里的那些员工能够通过整个制度将他们的建议提上来。

通常这些努力是在星期六早晨的会议上，邀请一些有真正能改进其商店经营的想法的员工来和大家分享他们的心得，如展示某项特别商品或特殊的创意。

沃尔玛将它付诸实施的一个绝好的例子就是"创数量商品"比赛。每个部门经理级别的同事都能选择一项他们愿意促销的商品，并带有大幅的展示招牌或其他宣传手段,然后看哪项商品创造最高的销售数量。

沃尔顿一直认为:"'创数量商品'竞赛不仅只是刺激销售的方法,而且还是教导同事们如何成为好零售商的方法,让他们知道如何去挑选一项可供应的商品,并想出创造性的办法去促销或采购它们。"

这种方法也使经理们有机会去做任何疯狂的事情,比如可在商店中央装饰起一棵树,上面除挂满玩具长毛猴外,还可将要促销的商品也挂上去;或者将一辆货运小卡车开进小胡同并在上面装满洗车用的海绵进行促销。

沃尔玛并非只是从员工们那里寻找零售构想。后来还推出一项称为"是的萨姆,我们能够"的计划。同样,仍邀请那些想出节省金钱办法的员工们来参加星期六早晨的会议。

其中绝大多数想法都是普通常识,只是大家都认为沃尔玛已非常庞大就没有必要再那么做了。这些都是一些由谦虚经营理念而产生的效果。

其中沃尔顿最喜爱的一条建议来自运输部门的一位员工,她对于拥有全美国最大私人卡车车队的沃尔玛公司却要由运输公司来将需要采购的所有物品运进货栈感到大惑不解。她找到一种用沃尔玛自己的卡车运回这些东西的办法,并为公司一下子节省了 50 多万美元。

因此沃尔顿把她请来,认可了她的出色构想,并给予她现金奖励。沃尔玛拥有 40 万名员工,显然还有更多的好想法等待着去采纳。

1980 年的一天,沃尔顿和汤姆·库格林走进路易斯安那州克罗利的一家沃尔玛商店。他们推开门首先看到的就是站在那里的一位年长绅士。

那人不认识汤姆,也没见过沃尔顿,但他对两个人说道:"嗨!你们好!很高兴你们能光临本店。如果你想知道关于我们商店的情况,请告诉我。"

沃尔顿和汤姆以前巡视时从未遇到这类事情,他们两个人对视了一眼,于是开始同那人交谈。当他知道同他说话的人是公司董事长时,他解释说:"您好,沃尔顿先生!我这样做有两重目的:一是让人们进门能有好印象;二是防止人们不付钱就带着商品出门。"

事后沃尔顿了解到,这家商店在店内物品失窃方面确有麻烦,而该店经理是一位老资格的商人丹·麦卡利斯特,他知道该如何来照看他的货物。他并不想在门口安置一名警卫,那样会吓走诚实的顾客。但他希望留下明确的信息,即如果你进店行窃,会有人在那里看到。

沃尔顿在丹·麦卡利斯特身上看到,迎宾员会为诚实的顾客们送去一个温暖、亲切的问候,但对小偷则能起到警告作用。

沃尔顿马上高兴地说:"汤姆,我认为这是一个最好的主意。"

然后,沃尔顿忙不迭地径直回本顿维尔,并告诉每个人:"我们应当在每家商店门口安排迎宾员。"

当时有许多人认为沃尔顿简直发疯了,他们觉得在门口安排人员是浪费金钱。他们对此一直表示反对,有些人努力说服沃尔顿放弃。

但沃尔顿却又实行了老办法,他不断推行该想法。每个星期,每次会议,他都会谈到迎宾员。每次当他走进一家商店而找不到一个迎宾员,他就会发火。渐渐地,他说服了每个人接受他的做法。

1989年,当沃尔顿走进伊利诺伊州的一家凯马特商店时,发现他们在店门口也安排了迎宾员。

六是保持精简,反对官僚。

往往一家公司如果要像沃尔玛公司那样迅速扩大,它就会产生许多重复的机构。没有一个老板或雇员会真正喜欢裁掉自己的工作或者裁掉自己员工的工作,人们往往因为对工作的需求而默认它的存在。

沃尔顿说:"但是公司最高管理层绝对有职责随时考虑这些问题,以确保整个公司有一个稳定的未来。"

沃尔顿处理这些问题时,一直坚持遵循当沃尔玛只拥有5家商店时所采用的相同原则。那时,沃尔顿试图以2%的一般管理费用结构来进行经营。他的意思是,用2%的销售额就足以支付采购费用、一般管理成本、自己和巴德的工资,以及开始增加地区经理或任何其他公司职员后所增加的工资。

但是后来,沃尔玛经营的一般管理费用百分比要比30年前低得多,而且那还包括计算机支持和分销中心维持所需的大量费用。这就是沃尔顿坚持早期原则的结果。

有些零售业的人士曾询问沃尔顿:"你是从何得出2%的原则的?"

沃尔顿笑着回答说:"事实上,那是我凭空想出来的。在早期,我发现大多数公司支出其销售额的5%来进行一般管理。但我们总是力求精简。我们用较少的人员经营,而且我们的人干得比其他公司员工要多。我想我们大家都起早贪黑地干,那一直是我们的传统,即我们要比竞争对手更具生产力、效率更高。而且我们已实现了该目标。"

许多第一次到沃尔玛来访的客人,都会对它经理人员的办公室感到惊讶。大多数人会告诉客人说:"我和沃尔玛公司所有其他经理人员的办公室就像是在卡车终点站所能找到的那种司机休息室。我们都在一幢单层的、办公室兼货仓的建筑物内工作。办公室绝对不算大,四周墙壁是廉价的护墙板。我们从来没有豪华家具或者厚厚的地毯,也没有专为经理人员设置的酒吧套间。但我同大家一样都很喜欢这些办公室。我们肯定得不到什么室内装潢奖,但它们就是我们所需的一切,而且人们照样不错。只要问问我们的股东就知道了。"

戴维·格拉斯解释说:"如果你不是经常精简你的人员,你很自然就会培养起层层的机构。你虽然不想增加机构,但它们仍会不知不觉地形成。因此你必须始终努力削减它们。你知道,当托马斯·沃森爵士在经营国际商用机器公司时,他决定从董事长到公司的最底层不应超过四个层次。那可能就是国际商用机器公司得以成功的最大原因之一。"

沃尔顿接着戴维的话说:"其中的许多道理可追溯至戴明先生多年前教导日本人的话:从一开始就做对。当你在一家公司遇到问题时,最自然的倾向是找出解决它的办法。经常情况是,那个解决办法无非就是增加另一个层次的机构。你所做的应该是到问题的源头去解决它,那时就会不可避免地精简机构或解雇员工。"

有一次,沃尔顿到一家商店巡视,他忽然意识到,当零售商品到达某家商店的后门时,它应该标有准确的价格或者当场准确地标上价格。但这项工作经常不能很好地完成。

于是回来之后,沃尔顿就与戴维商量对策,后来他们创建了称为"测试扫描员"的岗位,让这些带着手持扫描仪的人员在商店内巡视以确保每样商品都标上准确的价格。后来,测试员投其所好,他们往往在商品卸货过程中就开始仔细清点检查,以确保能够更经常地从一开始就做对。而且在此过程中,可从公司的每家商店中削减一两个办事人员,那就是一大笔金钱。

戴维说:"这的确是一种相当简单的经营哲学。你所必须做的只是从灰尘中画出一条线,并使官僚机构保持在那条线之后。随后,你知道一年以后它肯定又会跨越那条线,而你必须从头再来。"

沃尔顿之所以强烈地感到不能让自负在沃尔玛公司冒头,其中一个原因就是有许多官僚机构实际上是一些公司王国创建者自负的产物。

他说:"有些人总倾向于在他们周围安置大量职员以强调他们自身的重要性,而我们在沃尔玛公司绝不需要这样。如果你不是为顾客服务,或者支持那些这样做的员工,我们就不需要你。当我们谦虚经营时,我们总是力图警惕那些非常自负的人。你并非一定要具备一种谦逊的品格才能在此工作,但你最好知道使自己显得谦虚,否则你可能就会陷入麻烦。"

沃尔顿最后总结说:"只有从小处着想谦虚经营,公司才能发展壮大。我绝不怀疑沃尔玛公司能够始终坚持这一点!"

造福人民回报社会

沃尔顿记得小约翰·洛克菲勒的一句话："我相信，每种权利都是一种义务，每个机会都是一种责任，每项财产都是一种职责。"

多年来，沃尔顿的经营重点是一直致力于成为最好的零售商。创造庞大的个人财富从来不是他的目标，他和家人的财富永远是沃尔玛公司的股票。

沃尔顿对海伦说："海伦，我想大多数人处于我们这种地位，早就将金钱转移并分散到各种其他的投资。"

海伦理解地回答说："是啊，正如事情所发生的那样，我们这种非常简单、非常个人化的投资策略已经证明比任何人所能预期的还要好。因此，沃尔玛公司的股票使沃尔顿家族成为一个非常富有的家族——尽管只是在纸面上而已。"

沃尔顿处理财富的方法是非常单纯的，他一直把心思放在经营沃尔玛公司的商店和萨姆俱乐部上面，从来没有把时间和精力花在考虑如何处理家族的财富。也许这是因为他从未打算出售自己的股票。

然而，只要有正当的理由，沃尔顿家族都愿意尽可能利用个人的资源，以他们认为最好的方式，协助最需要帮助的人们。

多年来，他们家族的赠予覆盖了许多领域，遍及许多组织，而重点则在教育。

除了许多教育机构以外，沃尔顿家族捐赠的对象还包括教会组织，以及社区的建设项目，如动物园、图书馆、休闲设施等。他们还赞助医院、医学研究计划，以及艺术团体、剧团、交响乐团。他们也捐钱给环境保护团体、退伍军人组织、经济发展团体，以及自由企业团体，并资助各类学校。

由于捐赠几乎都从家乡开始，所以许多受赠的社区或机构，都是与海伦、沃尔顿或是子女们有密切关系的。他们也赞助全国性的组织，或是纽约与华盛顿等影响全国的大都市里的各种活动。

海伦一直对许多机构的赞助都很积极，其中包括基督教长老会、欧扎克大学、国立女子美术馆等。

沃尔顿支持的团体有"公民反政府浪费组织"、"自由企业学生组织"以及会员们坚持把它称作"体面服装俱乐部"的"阿肯色州商业协会"。

沃尔顿和海伦也举办一些他们全力参与的活动。十多年来，沃尔顿设立了一个特殊奖学金计划，帮助中美洲的学生到阿肯色州读大学。第一批约有180名学生，分别在3所阿肯色州的大学注册就读，他们每年支付每名学生13000美元用于学费、交通、书籍和住宿。

这个计划是早在他们在中美洲旅游时想到的，当他们知道苏联和古巴已经开始资助来自其他地区的孩子，于是决定美国人也应当这么做。他们希望帮助那些孩子们就学，否则他们可能就没机会受大学教育，而且他们回国之后可能有助于解决国内各项事业发展的问题。

沃尔顿家族还在家乡为沃尔玛公司员工的子女提供每年6000美元的奖学金，名额70人。

沃尔顿一直很欣慰，自己觉得所做的一切还算不错。但是后来他一直在想一个问题："作为一个家族，我们一直在规划如何分配利用目前所拥有的财富，但是真正的问题是在自己去世之后。海伦和我希望在数年之后，将至少同目前家族资产等值的金钱，捐赠给非营利性组织。"

沃尔顿一向非常关心教育的问题，这也是最令他担忧的问题，因为教育关系到国家的未来。

沃尔顿说："作为一个国家，我们必须和世界各国竞争，而教育过程对于我们成功地保持竞争能力具有更大的影响。除非我们尽快将教育导入正轨，并且重新建立足以和世界其他国家相媲美的制度，否则国家的前途令人担忧。"

沃尔顿一直希望教育能进行全面改革，他将目标放在市区内的学校，以及像密西西比三角洲之类乡村贫穷地带的学校，要想办法予以改进。

他为此解释说："我们必须在学前教育阶段就开始改革，找到改变孩子们环境的方法，让他们有机会留在学校里并对教育感兴趣。我们还必须看到许多单身父母把孩子们留在家里无人照看的后果，并找出协助他们鼓励孩子求学的办法。"

后来，沃尔顿还把自己自传的版权收入捐给"新美国学校公司"，这是一个由商界领袖们所创建的私人机构。他们募集了2亿美元以建立那些"打破旧模式学校"。

时任美国总统布什曾召集全国州长成立一个工作小组，由阿肯色州州长比尔·克林顿担任主席，拟定教育六大目标。这个超党派的机构，就是要协助美国学校实现这六大目标。

对于家族把重点更多地放在教育改革，沃尔顿一直小心从事。他们虔诚地相信沃尔玛公司做事的方法，而且需要有一套方法能评估投资的成效。

沃尔顿认为，传统慈善基金会的运作方法并没有达到他们的要求。有些人夸耀自己做了许多善事，但是许多基金会只是出于避税的目的而创立，不是真正想做善事。有些基金会人员不多，却是行政手续烦琐，官僚作风浓厚。这两项正是沃尔玛公司力图杜绝的问题，因此，沃尔顿家族成立的非营利机构自然也不希望如此。

沃尔顿坚持一种观点：不管赞助什么样的活动，都应该具备相同的价值观。由于沃尔顿自己的出身背景，他们提供的大学奖学金，总是要求获得奖励和帮助的学生必须是半工半读。沃尔顿自己也喜欢雇用半工半读的学生。

沃尔顿说："其中的奥秘在于，这样做可以激励那些未受过教育的孩子完成学业，而且使他们了解读书所能带来的好处。"

沃尔顿在经营中就对传统做法不以为然，同样的，他对慈善事业的传统做法也不赞同。他说："我们要打破自古以来关于教育人们的一些定则，要帮助自尊受损的人站起来，要激励平常人作出不平凡的事业。"

沃尔顿打破这些传统，他邀请有关人士，大家一起为此目标而奋斗。有一次，他邀请田纳西州前州长、时任美国教育部长拉马尔·亚历山大到本顿维尔参加他的家庭会议，一起讨论关于改进教育制度的一些新构想。

沃尔顿对拉马尔说:"部长先生,我们热衷于教育改革,并不是因为某些人的意见,或是看到某篇文章,而是从每天的商店经营中看到改革的必要。以前,只要你聪明伶俐加上努力工作,就足以在我们公司中得到升迁的良机。但是如今公司组织非常复杂,而且在科技与通信领域内发展十分迅速,这方面的技术与知识已成为我们经营的一个必不可缺的部分。这对于那些希望跟上世界工商业发展趋势的人来说已算不上是什么新闻了,它也是我们努力前进的方向。所以必须给员工提供更好的教育与训练,这是我们成败的关键。"

拉马尔赞同地说:"萨姆,你分析得很有道理。我支持你的想法。"

尽管沃尔顿家族多年来一直致力于慈善事业,但是仍然有些蓄意诽谤的人说沃尔玛公司捐献得不够多,没有达到公司预期的目标。

沃尔顿生气地说:"我想这种标准也许是管理慈善事业的人自己定出来的!"

像许多其他大公司一样,沃尔玛公司也举办一项称为"联合路"的活动,每年员工们都热心参与,搞得十分成功。沃尔玛公司将活动的目标写在招牌上,立在沃尔顿办公室前面的院子里,这样每个人都知道公司正在做什么。

该活动的经费大多来自本地员工的捐献,大多出自员工的储蓄,在活动中也做了一些轰动全国的事情。沃尔玛打算多为员工服务,他们立足当地的慈善活动,给那些愿意为他们自己选择的慈善活动捐钱的员工制订了一个捐赠比赛计划。

沃尔玛还大力资助一个为协助本地儿童医院而开办的被称为

"儿童的奇迹"的电视节目。有一年，沃尔玛公司及其员工共捐赠750万美元给这个节目，成为最大的捐赠人。

有许多公司利用慈善活动来提高公司的形象，也就是考虑公司整体所能实现的利益。但是沃尔顿说："在我看来，沃尔玛公司则是一种完全不同的企业。我们努力不断改善管理，是要为在我们社区生活和工作的人们提供更美好的东西。"

沃尔玛公司由于经营十分有效率，从而为顾客节省了数十亿美元。沃尔顿自豪地说："为顾客节省金钱，这本身就是一种回报，它也是我们公司经营哲学的基石。事实上，沃尔玛公司大大改进了大多数乡村地区的生活水平，我们的顾客都承认这一点。"

当然，沃尔玛对自己的员工也很照顾。员工们有大约20亿美元的利润分享基金。不幸遭遇事故的员工，公司会提供抚恤金。每年，每家沃尔玛公司的商店还资助该社区内的一名学生，给予奖学金1000美元。

但是，沃尔玛公司做的毕竟不是慈善事业，从公司拿走大笔现金捐赠给慈善机构，对股东或顾客来说，其实是不公平的。

有一次，海伦说："萨姆，我觉得本顿维尔的员工需要一流的运动设施，这样才能更有利于他们对锻炼的兴趣。"

于是，沃尔顿自己拿了几百万美元出来，再加上好几年的分红奖金，以支付建造运动设施的费用。

沃尔顿说："我们愿意拿钱出来，是为了表达对员工真挚的感谢，而且我认为要求顾客或股东付这笔钱是不对的，尽管这件事很有意义。"

公司的一些干部可能想要编制一大笔预算来搞慈善事业，但沃尔顿没让这么做。他解释说："因为股东可能喜欢多分红利，他们可以自己去搞自己的慈善活动。"

沃尔玛有些早期的股东，尤其是早期的分店经理，比如威拉德·沃克和查利·鲍姆，他们利用在沃尔玛公司工作所积累的财富对社区的事务慷慨解囊。沃尔顿听了之后心里感到无比骄傲。

而沃尔玛公司回报社会的最重要方式，就是利用这个庞大企业的力量来进行变革。

1985年，为了响应遏制美国日益增长的贸易赤字，沃尔玛举办了一次"把美国带回家"的活动。

与其他美国零售商一样，沃尔玛也从海外进口许多商品。在有些情况下，进口也是一种选择，因为美国制造的产品不是价格太高就是质量太差，或是价格与质量都缺乏竞争力，许多产品都是如此。

沃尔顿说："虽然我们想要努力改善这种情形，但我们发现，以盲目的爱国心要求大家不计成本购买美国货，那是不切实际的做法。我们跟其他零售商一样，只要美国产品生产有效率，能够提供良好的价值，我们都会采购美国货。在此我们不能大发慈悲，不能补助那些低于标准或无效率的生产。所以我们的主要目标是要同美国制造商们合作，并且看看我们的庞大采购力量能否帮助他们交运货物和节省制造工作。"

为此，沃尔顿给沃尔玛的供应商发出了一封公开信，邀请他们和沃尔玛一同参与这个计划。沃尔顿在信中说："沃尔玛公司相信美国工人可以做得很好，只要管理层好好领导的话。"

如果沃尔玛公司进行大量采购，并让厂商有充裕的时间生产交货，许多美国制造商都能在原材料购买、人员调配与库存成本方面节省下许多资金，获得可观的效益。因此，他们能够以竞争价格提供许多商品，包括法兰绒衬衫、蜡烛、男士针织衫、女士绒线衫、自行车、海滩浴巾、照相胶卷、录像带、家具，甚至玩具。

沃尔玛管理层也仔细评估从国外采购的操作情况，发现存在许多隐含成本，例如货物装船离港之后，就算是他们的库存了。运用这些数据，他们拟出一个公式，从而能详细比较采购国外产品与国内产品的价格差异，如果价钱和质量相差不超过 5%，就会选择美国产品。

结果发现，沃尔玛以前采购进口货物，其实是一种无意识的条件反射，并没有真正去寻找其他可供选择的方式。过去，他们只是拿着销售最好的美国制造产品到亚洲去对人们说："你能不能制造出像这样的产品，我们要 10 万件。如果质量稳定，我们就下订单。"许多其他零售商都这么做过。

于是，沃尔顿要求沃尔玛的采购人员在开信用证给东部地区之前，到南卡罗来纳州的格林维尔、亚拉巴马州的多森，以及宾夕法尼亚州、纽约州、俄亥俄州或新罕布什尔州许多小地方去看看。如果能够略微不怕麻烦，继续给他们生意，就会发现这些制造商会继续提供许多富有创造力的计划，这个构想仍然会留下巨大的潜力。

有些人批评沃尔顿的这个构想，他们会说："萨姆·沃尔顿这是在挂羊头卖狗肉，典型的沃尔顿式的促销手法，目的在于隐瞒店内所销售的货物许多仍是进口货的事实。"

沃尔顿反驳说："我想，这些人真是生活在过去，他们不相信自由市场，排斥新的解决办法。他们关心的只是工会的工作，坦率地说，其工作不是造成工资过高就是缺乏弹性，被市场所抛弃。由于我们尽量向国内采购，估计挽救或创造了 10 万个制造业的就业机会。因此，任何人批评'把美国带回家'活动是在搞宣传噱头之前,应该听听因为该活动而保住工作的人们的心声。"

以前,阿肯色州布林克利市法里斯服装厂和范赫森订有合同,为彭尼公司和西尔斯公司供应服装。但是到1984年,范赫森告诉沃尔玛公司说:"所有的订单都转到中国去了。"

因此,法里斯服装厂总经理法里斯·伯勒斯为了维持他们90人的就业机会,每个季度都辛苦经营。

直至有一天,沃尔顿打电话给法里斯说:"法里斯,我要求你们生产50000打法兰绒衬衫。"

法里斯与许多买主们谈过生意,但只有沃尔顿与他见面后,看着他的眼睛对他说:"孩子,如果你无法从这笔生意赚到钱,就不要做。"

法里斯心里很感激:"大多数零售商才不管制造商能否赚钱呢!这个萨姆·沃尔顿是个怎样的人呢!"

总之,法里斯为沃尔玛公司生产了250万件衬衫,而且员工人数从沃尔顿给他打电话时的90人发展至320人。

法里斯说:"我们知道这都是沃尔玛公司的赐予,每年圣诞节我们的员工都会感谢沃尔玛公司。"

沃尔顿听说之后却说:"法里斯,不要只感谢我。其实这项计划完全不包含任何慈善因素,事实上我可以自豪地说,它对沃尔玛公司也有直接的好处。我们每挽救一个工作机会,就为沃尔玛公司创造一个潜在的顾客,因为他不必担心没有钱购物。他们有工作,我们有顾客,因此双方都能从中得利。"

法里斯公司是沃尔玛早期的成功案例。自此以后,沃尔玛还与各家大小厂商做了不少生意,包括菲尔德克雷斯特·坎农公司、阳光公司、米罗·福莱公司、美国电子公司、肯托格斯公司、资本使者公司、咖啡先生公司、拉斯可公司以及赫菲公司。

该计划从1985年开始至1991年底为止，沃尔玛从国外采购转为购买美国制造的商品，其零售总值超过50亿美元。同时，沃尔玛很早就投入了环境保护工作，鼓励供应商与制造商减少不必要的浪费，例如不要过分包装。

沃尔玛还将自创品牌的"萨姆美国精选"产品营业额的2%捐作奖学金，提供给学习数学、科学与计算机的学生们。

沃尔玛公司在零售业的影响力已经达到了举足轻重的地步。因此沃尔顿说：

> 我觉得必须让员工记住，现在情况跟以前不一样了。以前我们处于竞争的劣势，必须锱铢必较才能生存；现在我们仍要精打细算，但是更加不可滥用我们的力量。
> 我们必须找出更多的方法，比如"把美国带回家"之类活动，从而利用我们的影响以回报社会。

荣获奖章溘然离世

沃尔顿从一个5000人的小镇创业起家,但他并不在乎,以他自己的方式经营着,并到后来创立了自己的沃尔玛公司。

他仍然并不急于进大城市,而是先在大城市周边,静候城市向外发展。又经过20多年的苦心经营,至1980年,沃尔玛公司的连锁店已经达到276家,年销售额12亿美元,纯利润4100万美元。

这主要得益于沃尔顿一直强调的两个方面:对内,与员工建立合伙关系;对外,真正处处为顾客着想。

沃尔玛商店向顾客提供的商品是真正的物美价廉,消费者在货比三家后,往往不惜长途开车前往沃尔玛商店购物。在商品陈列、花色搭配方面,沃尔玛商店也处处站在顾客的角度为他们提供方便。有时顾客要买的商品本店无货,店员会十分热情地引领顾客到其他商店,甚至是竞争对手的店中购买。

沃尔顿在巡视各分店时,也一直强调"零售就是细节"的诀窍。

沃尔顿还为企业经营定下了十大规则：

一是敬业；二是与所有同事分享利润，把他们视为合伙人；三是激励你的合伙人；四是交流沟通；五是感激你的同事为公司所做的每一件事；六是成功要大肆庆祝，失败则不必耿耿于怀；七是倾听公司中每一位员工的意见，广开言路；八是要做得比顾客期望得更好；九是比对手更好地控制费用；十是逆流而上，另辟蹊径，藐视传统的观念。

有人说，这都是些十分平常的规则。而沃尔顿却认为："其艰难之处正在于你要不断想出办法来执行这些规则。而我做到了。"

1987年，沃尔顿荣获利伯塔奖，在美国企业广场接受颁奖时，还不忘借此机会推销沃尔玛当年最成功的商品：豪华双层月饼。

1989年，《金融世界》推举沃尔顿为10年来最佳总裁。沃尔顿高兴地带着全家人到纽约接受颁奖。

1989年11月一个晴朗的日子，在得克萨斯里约·格兰德的一处偏僻地带，一次看似很小的事件，却使沃尔顿发现，生命对他来说是何等短暂。

沃尔顿一整天穿越在牧场草原，猎捕鹌鹑。回来后，却发现把自己锁在了营地一头的冰屋外面。

沃尔顿和希勒站在他的冰屋外面，沃尔顿注意到有一扇小窗正开着，于是瘦削的他爬上牛仔的肩膀，试图从小窗钻进去。他成功了，但是一直在他耳边叫的猎犬被窗子卡住，撞到他的胸部。

第二天早晨，沃尔顿仍然觉得痛，但他没在意，还是去打猎了。

一天结束了，沃尔顿仍然感到疼痛，而且这病扩展到了上臂，比他几个月来感到的那些说不清在哪儿的疼痛厉害得多。没有办法，沃尔顿觉得最好自己还是去请医生检查一下。他登上那架他几年前买的双引擎赛斯那小飞机，飞往休斯敦。

早在1982年，沃尔顿就被诊断患有毛状细胞白血病。这是一种血癌，能毁掉人体血液中的白细胞。自那以后，为医疗之事他一直往返于休斯敦。

沃尔顿一向活跃而精力过人。他常常很早就起床，总是工作了很久天才放亮。但是那一年，他觉得一天比一天疲乏、虚弱。起初，他认为可能是像妻子海伦不停抱怨的那样，工作负荷太重。所以，尽管疾病使他很痛苦，但仍然开始委派更多的工作，把繁忙的旅行日程压缩，并试图通过打猎和打网球使自己放松。

即使这样也无济于事。所以，沃尔顿不得不去进行一次全面彻底的检查，尽管他一直不喜欢去看医生。

阿肯色的医生发现他的白细胞数量少得令人吃惊。医生告诉他："你患有一种慢性白血病，至少已经有六七年了。"

沃尔顿问："那是什么引起的呢？"

医生回答："我们也不知道。"

沃尔顿又问："有可能治愈吗？"

医生回答："我们也说不清楚。"

但医生认为沃尔顿完全可以得到金钱所能买到的最好的医护治疗。所以医生建议他去休斯敦的医学博士安德森的医院，那是全国最好的癌症研究中心之一。那儿有一位名叫乔治·魁赛达的肿瘤专家，正在使用干扰素对毛状细胞白血病进行实验治疗。这种干扰素是从白细胞中精心提取出来的一种异常昂贵的物质。

当时，需要300名捐赠者才能提供足够的干扰素，为一名患者治疗3个月，而每月的花费就要大约10000美元。

魁赛达不是那种掩饰事实的人。按他的说法，标准的治疗是先切除沃尔顿的脾，然后继之以化疗。但是，他告诉这位不幸的病人，这个疗程也只有25%的成功率！这种成功，只不过意味着保证病人至少可以再活5年。

沃尔顿对做手术一向很反感，但是他一直都很有斗志。他断然地说："手术是不可能的。那么，还有其他的选择吗？"

魁赛达说："事实上只有另外的一种选择。你可以成为一名接受干扰素研究治疗的病人。这可能要冒险，比如可能会大出血或者感染；还有潜在的副作用，包括流感症状和疲乏无力。"

但是，即使到那时为止，魁赛达只为还不到10个毛状细胞白血病患者进行过干扰素治疗，但很显然，他对最初的成绩表现了很高的热情。他告诉沃尔顿说："这看起来可以帮助患者维持白细胞的数量，同时会加强他们的免疫系统。"

魁赛达还说："这是一种实验治疗，到目前为止，尽管成绩令人鼓舞，但还是处于起步阶段。"

"不管怎么样，"魁赛达耸耸肩，"最坏的结果也就是这种治疗不起任何作用，我们还可以再考虑手术和化疗。"

成为医疗实验的对象吗？沃尔顿对此也不大感兴趣，他需要好好地想一想。他主要想确定一下治疗不会影响他尤为繁忙的工作日程。

沃尔顿飞回本顿维尔的家中，告诉海伦他目前的处境，并且在

1982年10月公司内部的时事通讯《沃尔玛世界》上还发表了一封信。在信中，他把自己的诊断结果告诉了公司的41000名员工，他以惯常的认真态度和简单方式对自己生病的严重性轻描淡写，说在其他方面，身体还是很好的。

沃尔顿在信中采取的随便态度几乎没有反映出他的真实感觉。在商业中，他可以凭借多年经历磨炼出来的敏锐直觉迅速作出种种决定。但是这件事却不同，他完全不知道该怎么办了。

沃尔顿花了整整一个月的时间考虑该怎么做，然后还是飞到休斯敦去询问关于治疗方面的更多问题。

魁赛达在迎候沃尔顿的同时给他带来了新的消息：医生们已经发现了如何使用遗传工程选取人工干扰素，使得这种物质更容易获取。

魁赛达说："若不是这样的话，对于你来说，干扰素的获取恐怕就已经是一个问题了。"

沃尔顿详细地询问魁赛达及其他医生们这种治疗可能要冒的风险，以及可能产生的良性的效果。

魁赛达直率地告诉沃尔顿，因为这种药太新了，所以还有很多有待于了解的东西。

沃尔顿回到家，又考虑了漫长的一个月，最后终于决定尝试一下这种治疗。沃尔顿还为此学会了如何给自己注射以及如何请别人为自己注射。他的整个疗程在前6个月需要每天注射干扰素，而另外6个月需要每周注射3次。

治疗还不到半个疗程，疾病就被控制住了，白血病在慢慢地消退，后来就不再有什么困扰了。

这一切居然变得轻而易举。

自那以后，白血病实际上就没再困扰过沃尔顿，尽管7年来他每年都继续去魁赛达那儿做几次检查。这次打猎之前3个月，他还去了医生那里。

魁赛达对沃尔顿白细胞的细微变化已经注意到了，但他没有能查明原因，因为沃尔顿不愿在此滞留3天，以便能把他脑子里想的付诸实践。

1989年，当沃尔顿带着胸腔和胳膊怪异的疼痛出现时，医生们从他的髋部取了一些骨髓，通过化验分析，发现他患了恶性的骨髓癌——多发性骨髓瘤。

这一次，魁赛达的预测更为残酷。他说："没治了，这是一种挑战性大得多的疾病。化疗和放射疗法有可能使它消退，但是使它不再复发就太困难了，治疗也会更艰难。"

沃尔顿并没有遭受来自干扰素治疗的严重副作用的困扰。但是，魁赛达警告说，他应该对放射疗法以及化疗消耗功能做好准备。除非他很幸运，否则疾病本身就会带来疼痛的感觉，有时候甚至会是剧烈的疼痛。他的骨头已经受到了损害，而且很脆弱。他会变得越来越虚弱，而且更容易疲乏。

沃尔顿对魁赛达比第一次更有信心。但是，他还是仔细向医生提出了各种问题：是否还有其他的治疗方法，比他们可能要尝试的要更自然一些的？其他的都不说，化疗和放射疗法听起来好像太费时间了。

在家庭的协助下，尤其是儿子约翰的女儿也已患了癌症，在约翰的帮助下，沃尔顿研究起不同的治疗方法，接二连三地向医生询问关于自然疗法、非常规疗法、维生素等所有可能取代或是减少化疗和放射疗法的方法。

沃尔顿积极与"抗癌者组织"联系，这是艾奥瓦州一个非营利性组织，为癌症患者提供关于癌症研究以及治疗，包括医疗以外的其他疗法方面信息的一个交流中心。

沃尔顿一向有条不紊，否则，他也不会取得今天的成就。但是，他很快明白，骨髓癌无疑将是致命的。最后，沃尔顿没有办法，只好接受常规的化疗和放射疗法。

沃尔顿对于死神会随时降临有什么反应呢？他一向热情洋溢，为员工们鼓舞士气，他从中得到明显的快乐；他把与店员们的谈话都变成了鼓动大会；然而，他却是一个特别不愿与人交流思想感情的人。除了有时与海伦说一说，他几乎从来不谈论自己。

海伦也和沃尔顿一样，是个嘴很严的人。沃尔顿40多年的老朋友威廉姆·恩菲尔德说过这样一段话："从个人的角度，我对海伦和萨姆的熟悉程度可能超过这里的任何一个人。但是对于他们，我还是有很多的不了解，而且我也从未试着去了解。"

假设有什么能驱使沃尔顿重新审视自己的一生，不知道他是否会早一点放慢生活的节奏，多花一些时间陪伴海伦和孩子们；或者他是否应该对那些为建造他的零售帝国而倾注心血的人们更温和一些。

最终，当死神越来越临近时，沃尔顿确实承认他深夜里开始产生关于生存的疑问。但终于，这些好像只不过刚刚开始就很快消失了。

这些都是以后的事了。在他的诊断结果出来后，他又去猎捕更多的鹌鹑了。

沃尔顿常说，金钱，在超过了一定的界限之后，就不那么重要了。

沃尔顿对于自己财富的态度很冷静。这种公众形象报道在他对一次股市暴跌的反应中进一步得到证实。

1987年10月19日股市行情暴跌,道琼斯工业指数一天内下降508点;沃尔玛的股票比一周前的价格跌落32%,使得沃尔顿损失净值17亿美元。沃尔顿那天去小石城与阿肯色其他一些公司的领导人一起就高等教育问题开了一次记者招待会。当他到达市长比尔·克林顿的办公室时,记者询问了他对这次股市暴跌的反应。

"钱不过是些纸片而已。"他说,看起来好像很平静的样子,"我们创业时是如此,之后也一样。"

钱并不重要,重要的是企业的规模。沃尔顿的目标永远是那么大胆。1976年,125家零售店当年的销售总额为3.43亿美元。沃尔顿曾信心十足地公开许诺,5年之内,他将使销售额达到现在的3倍。他对珍妮特·瑞蒂斯说:"如果你愿意,现在可以把它写到墙上。"

瑞蒂斯是一位作家,正在为《金融世界》写一篇关于沃尔顿的专访。

沃尔顿当时告诉瑞蒂斯:"至1981年1月31日,我们会达到10亿美元的年营业额。"结果是,沃尔玛比他预定的日期提前一年就达到了12.5亿美元的年营业额。

至1985年,沃尔玛公布了64亿美元的年销售额,仍然排在凯玛特和西尔斯的后面。这时沃尔顿和格拉斯已经在公开谈论要成为全美最大的零售商。

1985年10月,沃尔顿第一次被《福布斯》杂志列在全美富豪排行榜的首位。沃尔顿和沃尔玛商店一夜之间成为全美公众关注的焦点,大批记者拥向他的住地。

然而，当他们看到这位美国第一富豪过着最简朴的生活时，不禁大失所望：沃尔顿穿着一套自己商店出售的廉价服装，戴着一顶打折的棒球帽，开着一辆破旧不堪的小货运卡车上下班，车后还安装着关猎犬的狗笼子。

至1990年，沃尔玛公司已经在全球近10个国家建立起了4000多家商场，职工有150多万人，每周约有1.4亿人次到沃尔玛去购物。

这时，沃尔顿开始对沃尔玛下一个10年作出规划。他认为，赶上西尔斯和凯玛特没有问题，今后的两年就能做到。他很有把握，所以他也许能活到亲眼见到的时候。他对有关沃尔玛的潜力挖掘方面兴趣更浓。

但是，从1990年开始，沃尔顿就一直与骨癌和脊髓瘤奋战不懈。自从病情确诊以后，他就知道自己已经是无可救药了。就像他一生中面对其他挑战一样，他也是勇敢地面对病魔，充满乐观精神并尝试以新的方法去克服它。

因此，在全家人的鼓励，并且在约翰悉心照料下，沃尔顿跟着一群优秀的医生进行了许多实验性的治疗。

沃尔顿虽然接受治疗，但是他从来不花太多时间去谈论他的病，或者有什么可能治疗的方法。相反，他努力抓紧时间，从1990年初病情确诊以后，一直在写自传。这工作对他来说有点爱恨交织。于是，他取消了写作计划，选择他最喜欢的工作，将时间和精力都花在搭乘飞机巡视各家沃尔玛商店，看看他喜爱的同事们。

1991年，在一年一度的大会上，沃尔顿向欢欣的股民们满怀信心地宣布计算结果：不论他是否还健在，至2000年，沃尔玛的销售额要增加5倍以上，达到每年1290亿美元——远远超过西尔斯和凯玛特,从而成为世界上最有实力的零售商。

至1991年底,沃尔顿了解到病情已不允许他到处奔波,在家人和其他人的恳求下,在他尚有行动能力之际,沃尔顿重新将他的自传完成。

一旦决定要写作,沃尔顿就像他一生中做任何事一样,全身心投入去完成他的写作计划。他对自己的书非常讲究,每天写作、修改,增添逸事,修饰语言,并要求其他人提供一些往事的回忆。

1992年3月初,沃尔顿写书的精神仍然很高昂,但是身体状况已日趋恶化。

这时,沃尔顿得到了他一生中最大的惊喜。鉴于沃尔顿的杰出成就,以及他对教育事业、慈善事业所做的热心资助,白宫准备颁给他"总统自由奖章",那是美国公民的最高荣誉。并且,届时布什总统和第一夫人将到本顿维尔亲自把奖章颁给沃尔顿。

沃尔顿因此荣誉而感到十分欣喜,他说:"这将是我一生中最荣耀的一天。"

在这种场合,沃尔顿当然可以邀请任何人参加颁奖典礼,但是大家几乎不用问也知道他要邀请哪些人:当然是沃尔玛商店的同事们。

3月17日是星期二,颁奖典礼在早晨举行,地点在沃尔玛总公司的大礼堂内,那也是沃尔顿举行无数次星期六早会的地方。

当时,几百位公司同仁齐聚一堂,在这个特别的日子,他们对萨姆·沃尔顿的爱戴特别令人感动。他们表现得太感人了,甚至连布什总统夫妇可能都颇感意外,更不用说新闻记者们,因为他们给了总统一个最为热烈的沃尔玛式的欢迎。

沃尔顿显然十分高兴,当然,他将他所有的荣耀与公司同仁们分享。但这也是令人沉痛的一天。他必须坐在轮椅上被推上讲台，许多人都已感觉到，这可能是他们最后一次和沃尔顿在一起了。

当天，会场里洋溢着一种荣耀的气息，但也有许多回忆与泪水。

布什总统当场发表演说，高度赞扬了沃尔顿：

> 萨姆·沃尔顿，一个地道的美国人，他具体展现了创业精神，是美国梦的缩影。他关怀员工，奉献社区，而希望与众不同是他生平事业的特色。通过设立拉丁美洲奖学金，他使人们更加接近，并与他人共同分享他所代表的美国理想。
>
> 他是忠实于家庭的男人，企业的领导人，也是倡导民主制度的政治家。萨姆·沃尔顿具有诚实、希望和努力工作的美德。美国向这位商业领袖致敬，祝他的生活和他的事业一样成功。

但是，几天后，沃尔顿就被迫住进了小石城的阿肯色大学医院。

即使这样，沃尔顿仍然很高兴地做他以前喜欢做的事。除了家人以外，在他去世前跟他谈过话的外人中，有一位就是当地沃尔玛商店的经理，他应沃尔顿家人的请求，来和沃尔顿聊聊店内本周的销售数字。

获得自由奖章后不到3个星期，沃尔顿刚刚过了74岁生日。

1992年4月5日星期日早晨，沃尔顿与癌症的抗争终于结束，他平静地走了。他面对死亡就像他面对生命一样令人深有所感。

萨姆·沃尔顿虽然去世了,但沃尔玛还在不断创造奇迹。

1996年,沃尔玛首次进入中国市场,在深圳开设连锁店。

2000年,沃尔玛全球销售总额达到1913亿美元,超过美国通用汽车公司。

2001年11月,沃尔玛进入中国北京。

2002年,沃尔玛以2001年销售总额2200亿美元,超过埃克森·美孚石油,成为世界第一。

2002年,《福布斯》公布全球富人榜,沃尔顿家族5位股东包揽第六至第十位,总资产1029亿美元,约为世界首富比尔·盖茨个人资产的两倍。

……

附:年 谱

1918年3月29日,出生在美国阿肯色州的一个小镇上,小时候当过报童。

1936年,进入密苏里大学攻读经济学学士学位,并担任过该大学学生会主席。

1942年,大学毕业,当时第二次世界大战爆发不久,便报名参军,曾在美国陆军后勤部门服役。

1943年,与海伦结婚。

1944年,长子罗布出生。

1945年,战争结束后回到故乡。

1945年9月,向岳父借了20000多美元,加上当兵时积攒的5000美元,和妻子海伦在阿肯色州本顿维尔开了一家杂货店。

1960年,已有15家商店分布在本顿维尔周围地区,年营业额达到140万美元。

1962年,在罗杰斯镇创办了第一家沃尔玛折扣百货店。

1969年10月31日,成立沃尔玛百货有限公司。

1970年，沃尔玛在阿肯色州的本顿维尔镇建成第一个配送中心，集中购买、配送货物。

1970年，沃尔玛成为股票上市公司。

1979年，沃尔玛年总销售额首次突破10亿美元。

1983年，沃尔玛购买休斯公司商业卫星，开始全球定位销售。在俄克拉荷马州的中西部城开设了第一家萨姆会员商店。

1984年，实践"在华尔街上跳草裙舞"的诺言而成为全国新闻。

1987年，荣获利伯塔奖。

1988年，在美国密苏里州华盛顿开设了第一家超级市场——沃尔玛购物广场。大卫·格拉斯出任公司首席执行官。伊利诺伊州乔利埃特第一百家萨姆俱乐部开张。

1989年，当选《金融世界》评选的"十年来最佳总裁"。沃尔玛的卫星网络完成，是美国最大的私有卫星通信系统，该系统将下属分店与总部联结起来。

1989年，在本顿维尔建立沃尔玛游客中心。

1990年，沃尔玛成为美国最大的零售企业。

1991年，沃尔玛在墨西哥开设了第一家美国本土以外的商店，开始进入海外市场。

1992年，荣获"总统自由勋章"。4月5日逝世。